U0623209

想 象 之 外 · 品 质 文 字

北京领读文化传媒有限责任公司　出品

勤笃精进 曾国藩

胡哲敷 著

北京时代华文书局

图书在版编目（CIP）数据

　　勤笃精进曾国藩 / 胡哲敷著. -- 北京：北京时代
华文书局，2019.1

　　ISBN 978-7-5699-2888-4

　　Ⅰ．①勤… Ⅱ．①胡… Ⅲ．①曾国藩（1811-1872）
—人物研究 Ⅳ．① K827=52

　　中国版本图书馆 CIP 数据核字 (2018) 第 291559 号

勤笃精进曾国藩

QINDU JINGJIN ZENG GUOFAN

著　　者｜胡哲敷

出 版 人｜王训海
选题策划｜领读文化
责任编辑｜张彦翔
装帧设计｜领读文化
责任印制｜刘　银

出版发行｜北京时代华文书局 http://www.bjsdsj.com.cn
　　　　　北京市东城区安定门外大街 136 号皇城国际大厦 A 座 8 楼
　　　　　邮编：100011　电话：010-64267955　64267677
印　　刷｜北京金特印刷有限责任公司　电话：010-68661003
　　　　　（如发现印装质量问题，请与印刷厂联系调换）
开　　本｜880mm×1230mm　1/32　印　张｜8　字　数｜154 千字
版　　次｜2019 年 3 月第 1 版　　印　次｜2019 年 3 月第 1 次印刷
书　　号｜ISBN 978-7-5699-2888-4
定　　价｜45.00 元

版权所有，侵权必究

感谢您选购领读文化图书

打开微信扫一扫

收听《勤笃精进曾国藩》有声书

·读书是件好玩的事·

序

　　胡哲敷君著《先文正公治学方法》①，于公之学术、行谊摘其精要，纲举目张，又随举事效以资证验，诚有用之书也。我国自古教义以适用于群众生活，使得治平安乐为原则。其方法则就人类心理普通弱点，立施治之方，不重文字之法律，而重各个人良心之对己制裁。其训育则有扼要一语曰"毋自欺"，《大学》特标而出之，以为修齐治平之法。故法律因时代之迁移而失效，惟良心之自制，则虽世界万变，而常能适用也。予于先人之学术愧未能有所传习，惟追溯所闻，公之训诲，证以公之行事，知公之学问，得力惟在"毋自欺"一语而已。有政治、教育之责者，于此点注意焉，则知中国学术之应用初不限于时代，然则此书不仅为学者道问学之门径，抑足资为政者之借镜也已。

民国二十三年十一月

聂曾纪芬敬识，时年八十三

---

　　① 此次出版更名为《勤笃精进曾国藩》。

自序

　　风习窳^①陋，国势陵夷，至今日而极矣。民生憔悴，饥莩^②塞途，亦至今日而极矣。强者流于萑苻^③，黠者竞于阉媚；天下滔滔，以获利相尚，以附势相矜，钻营欺诈者为智为能，乐业安贫者为庸为妄，忧世之士，惄^④焉伤之，皇皇然奔走呼号，谋拯斯民而济斯难。于是有谓吾民笃于保守，无以跻世界文明之域者，则欲舍弃吾国固有文化，而尽取他人之长，以济吾短。虽亦未尝不持之有故，言之成理；然而力竭声嘶，亦未足以挽颓风而移末习。继之者乃曰：复兴民族，首在阐扬旧有文明。凡前人之尘垢秕糠，莫不拾为救国大道，救国之声盈于耳，而国终不救，夫岂救国之术犹未备欤？其亦倡导者未得其宜耳！取其糟粕而遗其精华，高谈理论而不切于实际，或舍其

---

① 窳，yǔ，懒惰。

② 莩，piǎo，同"殍"。

③ 萑，huán，萑苻，春秋郑国泽名，有盗贼出没。

④ 惄，nì，忧思，伤痛。

本而趋于其末，或硁^①硁于一枝一节而遗其大体；甚者斤斤于一二名词之争论，而未尝实事求是身体力行，则术虽至善，亦无补于丝毫。传曰："礼仪三百，威仪三千，待其人而后行。"其是谓乎！

今之社会，无中心标准之社会也，上至国家礼法政令，下至乡曲小民之一行一动，莫不人自为之；此犹大自然之民也，安能立于今之世乎？往者吾人犹侈言中国之大，何至灭亡？今者日蹙^②百里，已在亡国道上趋其行程。于斯时也，而犹酣然以嬉，涣然以处，空唱一二名词，为装点门面之具，而无坚苦卓绝之真精神以继之，则台湾、朝鲜之续，在目前耳！是故今日之务，在力挽颓风而转移习俗。虽曰兹事体大，非一二人之力之所能胜，然而风气之成，则又往往经一二人之倡导，而全国靡然相从，卒收化民成俗之效者，亦比比然也，清之曾国藩氏，殆其人欤！曾氏值咸同之际，社会颓唐，百端倾欹^③，殆无亚于今日，赖其力行倡导，而风气为之转圜；虽尔时外患未炽，元气未凋，国力尚未丧如今日，要非以彼坚苦卓绝之志，修己治人之方，则当时情势，未可知也。故曾氏之事业是非姑勿论，其坚卓诚信，苦心孤诣，爱民恤才之伟大胸怀，则忧乎尚矣。是则本书之所由作也。

---

① 硁，kēng，拟声词，敲打石头的声音。

② 蹙，cù。

③ 欹，qī，倾斜，歪向一边。

夫曾氏以书生而当天下大难，肩天下大任，纳一世于轨物，而始终勿懈，无稍变异其书生面目者，今之世有几人耶？曾氏之自励也，曰勤与俭。谓勤可以生明，俭可以养廉。其待人也，视人之善，若己有之，惟恐其不彰也；急公家之难，若己之忧，惟恐其不去也。于时人才辈出，各献所能，彼则培养提携，无所不至。尝谓转移习俗而陶铸一世之人，非特处高明之地者然也，凡一命以上，皆与有责焉。其胸怀器量，为何如乎？是故转移习俗，匹夫匹妇，与有责焉，而况肩政教之责者乎？人人以转移习俗自任，人人怀坚苦卓绝之心，朴质谙练，洗净浮华，凡望之于人者，皆先行之于己，则民之从之，犹水就下，必有不期然而然者矣。假令夫子教我以正，夫子未出于正，则出乎尔者，反乎尔者也，夫民今而后得反之也。孔子曰：其身正不令而行，其身不正虽令不从。然则今世之士，往往倡导不遗余力，而收获甚少者，盖亦有由矣。

　　曾氏之学问文章，载明其全书之中，既风行于世矣；吾乃不厌骈枝而为此者，欲使学者以短少时间，得知曾氏为学精神之梗概。且知成大事者，莫不由于铢积寸累，坚苦力行。苟因此而能稍有补于今之士气，则本书望外之获矣。

目　录

曾国藩传略

　　曾国藩字伯涵，号涤生，湖南湘乡人，生于清嘉庆十六年十一月十六日——公历一八一一年。他的祖籍原在湖南衡阳，清朝初年，有名孟学①者，始由衡阳迁居湘乡，遂为湘乡人。孟学四传至玉屏②字星冈，便是国藩的祖父。星冈为人，笃实勤谨，凡事皆具有规模，曾氏家道之基，完全创立于星冈公之手。星冈生竹亭、鼎尊、骥云，鼎尊早卒，竹亭生五子，长即国藩，次国潢字澄侯，次国华字温甫，次国荃字沅甫，次国葆字季洪。国藩秉性朴质笃厚，不尚虚华，少时器宇卓荦，状貌端重，五岁读书，九岁读毕"五经"，可以执笔为

　――――――

　　①　孟学，曾孟学，曾氏六十二代。
　　②　玉屏，曾玉屏（1774~1849），曾国藩祖父。

文，因此他最得星冈公的抚爱，而他脑筋中，留得祖父的印象亦最深。所以后来他立身为人，一举一动，都隐隐是承袭祖父的规模。

道光十四年，国藩乡试得举人，诗文之名颇著于乡里；不过此时所谓诗文，仅时文试帖诗之类，不足语于学问。次年他到京师会试落第，因即留在北京读书，自是之后，才算切实地做真实学问，穷研经史，留心经世之学。在京住了十几年，一方面京师人文荟萃之区，相与往还者很多有学问的人，便于磋磨研习；另一方面也可以说是与他一个结识天下贤士储才待用的机会。同时他又从善化唐鉴讲求为学之方，唐为程朱派的学者，曾氏义理学的基础，便建筑于此时。计此十余年中，他自己立身为人之道，辞章义理之学，都很有些根基；而又广结许多师友，后来事业上的助手，大半都是在此时认识清楚的。他在京师，一面专心研读，一面又参与过几次会试，后来清廷给他做礼部侍郎，其地位略等于今之次长，原是一个清闲的地位，仍得以大部分工夫，在学问上讲求。咸丰二年，国藩母亲死了，乃由京请假回籍治丧，在籍不多时，而太平军起，国藩奉清廷命，在湖南帮同办理本省团练，搜查土匪，保卫地方。

先是清廷自鸦片战败之后，种种腐败，完全暴露，割地赔款通商，颇激起人民的公愤。而广东一带，又值连年荒旱，上下官吏类皆庸暗无识，怙^①权揽势，以残酷搜刮、粉饰太平为能事；人民水深火热，无以为生，洪秀全等乃于道光三十年，起义于广西桂平县之金田村，称太平天国。以民族革命相号召，采分田授产制度，标榜天主教义，人民风起云涌，争相附从。是时广西巡抚郑祖琛，老朽昏庸，因循畏事，太平军初起时，祖琛一味掩饰，及声势渐大，始张皇入奏，而事已无可奈何。提督向荣、都统乌兰泰、赛尚阿等，见匪盗四起，太平军尤所至无敌，颇有应接不暇手忙脚乱的气象，而向荣、乌兰泰又常闹意见，坐令数十营大军，处处搁浅，予太平军以从容布置的机会。然太平军亦不能联合两广的匪盗而成一大势力，不得已乃于咸丰二年二月，率其老弱男女不及一万人，由广西转入湖南。是时湖南官兵久疲，太平军长驱北上，而湘水正涨，顺流而下，指日可抵长沙。清廷大惧，江忠源、罗泽南、王珍等，以地方团练，与总兵和春，在长沙与太平军相持，向荣亦自桂林追至，激战三月，长沙未破；太平军乃夜造浮桥，渡湘而西，破益阳，渡洞庭，大破岳州。岳州城内贮有吴三桂所遗军械炮位甚多，悉为太平军所获。搜掳仓库，估舟五千余艘，蔽江而东，所过城镇，望风披靡。至咸丰三年二月，不过一年之间，太平军竟占了道州、桂阳、郴州、醴陵、岳州、武汉，再沿长江，顺流东下，陷取九江、安庆、芜湖、太平，而定都于南京。

———————

① 怙，hù，依仗、仗恃。

我们翻开地图看看，太平军所过之地，——自广西至南京——途中遭挫折而未能夺得者，惟长沙一处而已。长沙之所以如此坚强，完全得力于地方团练。太平事起，曾国藩正在家守母丧，罗泽南、王珍等，力请曾氏出来主持地方团练。会清廷亦降旨命国藩在乡就近帮办湘省团练，国藩辞以母忧①不肯出，且言书生不知兵，其友郭嵩焘曰："公本有澄清天下之志，今不乘时而出，拘守古礼何益于君父？且墨绖从戎②，古之制也。"其弟国荃亦力劝之，国藩乃投袂而起，治军力主严明，常以岳武穆"不爱钱，不怕死"一语自励；但是此时兵政废弛，土寇蜂起，敌众未至，一夕数惊，地方官每畏葸养痈③，国藩则先整顿军中纪律，十旬之中，戮二百余人，一时谤讟④四起，至送他一个绰号叫作"曾剃头"，意思就是说他好杀人罢了。国藩置之不理，勤加训练，湘团遂称劲旅，湖南境内渐次肃清。又奉命募为官勇，出境剿敌，他便仿明戚继光成法，束伍练技，编为湘勇，令罗泽南、王珍、塔齐布、邹寿璋、周凤山、储玫躬及其弟国葆等分将之，是为湘军陆师编制之始。翌年——咸丰三年，又用江

---

① 母忧，母亲的丧事。

② 绖，dié，古代用麻做的丧帽丧带。墨绖从戎：守丧期间从军作战。

③ 葸，xǐ，痈，yōng。养痈，畏惧、害怕。畏葸养痈，养护毒痈，比喻姑息宽容坏人坏事。

④ 讟，dú，诽谤。

忠源及编修郭嵩焘等所建水攻之策，购造兵船，编成水师，以成名标、诸殿元、杨岳斌、彭玉麟、邹汉章、龙献琛、褚汝航、夏銮、胡嘉垣、胡作霖等分统之，是为湘军水师编制之始。声势渐渐浩大了。

　　太平军所过之地，只是奸掳焚杀，并没有政治上的设施；虽然从广西一口气跑到南京，裹胁民众百余万，但是他们所破的城镇，往往不多时间，仍为官军收复。迨^①定都南京之后，始分两路作大规模的出征，一路是由扬州出皖北，经临淮凤阳而入河南，攻山西，以袭京畿；由丞相林凤祥、吉文元，主将李开芳等领之。又一路是沿江而上，经安徽之太平、芜湖、安庆，攻江西以争长江上游；由豫王胡以晃，丞相赖汉英、石祥贞等领之。是时清廷主要军队，则有钦差大臣琦善所统直隶、河南、陕西、黑龙江马步各兵，由河南信阳驰抵扬州，号为江北大营。向荣追太平军至江宁，屯孝陵卫，号为江南大营。外面看来，清军是很壮盛了，实则内容都是些京旗绿营之兵，老弱骄惰，久已无用，一遇劲敌，直如摧枯拉朽，风卷残云。虽江南大营得张国梁等之助，得维持七八年之久，然太平军得在南京支持十四年，亦未尝不是向^②军老弱无能的表现。是故太平军虽

① 迨，dài，等到。
② 向，指向荣。

受清军两路夹击，而其兵锋之锐，迄不为之少减。林凤祥等北路之军，既以半年之间，横行江苏、安徽、河南、山西四省之地，转战四千五百余里；而胡以晃等南路之军，亦以咸丰三年，先攻安徽桐城，破集贤关，再陷安庆，攻九江湖口，进围南昌。江忠源等屡战未下，飞书国藩告急，国藩遣郭嵩焘等，率湘勇千二百人，楚勇二千人，营兵六百人至，罗泽南亦率子弟乡人自成一军以偕，南昌之围始解。太平军见军势不利，乃回军沿长江而上，次年春，太平军水陆兼进，直破黄州，清将吴文镕战败自杀，武汉等处，望风瓦解；国藩自率水陆师由长沙北进应援。是时太平军气最盛，而国藩水师初出洞庭湖，遇大风，连坏数十艘，陆师至岳州，一战又不利，回走长沙。太平军乘胜溯湘而上，列舟靖港，复以一军出间道袭陷湘潭，踞长沙上游，国藩自督战船四十号，陆勇八百名，击太平军于靖港市。时西南风大作，水流迅急，不能停泊，为太平军所乘，水勇溃散，战船或被焚，或被掳，几乎全军覆没。国藩自愤成师以来，一出即失利于岳州，又惨败于靖港，痛恨之余，乃投水自杀，为幕客章寿龄援出。而国藩终以事不可为，遂草遗疏，秘密的把自己后事都办妥了，正准备自杀，却好塔齐布等大败太平军于湘潭，国藩闻之大喜，乃益遣水师往助。八月之间，水陆十战十胜，遂复湘潭。由是乘胜分兵三路，以提督塔齐布，道员褚汝航，知府罗泽南为中路，趋岳州。贵东道^①

---

① 贵东道，清代行政辖区。

胡林翼为西路，趋常德。江忠源之弟知府江忠淑，直牧林源为东路，趋崇阳、通城。太平军乃弃常德，走岳州，复走湖北，湖南境内肃清。国藩又与湖南巡抚骆秉章，湖广总督杨霈，荆州将军官文等所遣各路兵，略定湖北。清廷闻之，命曾国藩署湖北巡抚，国藩以母丧未除辞，乃以兵部侍郎衔领兵攻战。时北路太平军，亦渐次为僧格林沁、胜保等所破，林凤祥、李开芳皆被擒不屈而死，清军始渐有起色。

两湖粗定，国藩为直捣金陵之计，进图江西，围攻九江。惟其时蕲州以下，西自九江东至饶州、广信所在皆有太平军足迹，而德化、小池口、湖口诸滨江要隘，为入皖门户，尤太平军之精锐所聚，石达开在安庆，遥为声援，皖赣形势，异常巩固。国藩遣萧捷三率水师越湖口，入鄱阳湖攻姑塘，湖口太平军则造浮桥连接两岸以封锁湘军。湘军水师半在江，半在湖，有外江内湖之别，石达开自将御国藩军，掷火烧外江战船数百艘，夺国藩坐船。国藩水师大溃，驰罗泽南军以免，愤欲自刭，泽南止之。石达开又以清军上游空虚可乘，因命秦日纲等进攻湖北，于是武昌已定而复陷。疆吏又畏葸莫敢撄其锋，太平军复攻江西。咸丰五六年间，江西七府一州五十余县，几全为太平军所有。当九江、武昌战事最激烈时，名将塔齐布、罗泽南皆先后阵亡，亦可见此时两军肉搏的情形了。

泽南既死，胡林翼分四千人令国藩弟国华统之，往救九江。既而国藩之父竹亭于咸丰七年二月死于里第[1]，国藩、国华自瑞州奔丧，国荃自吉安奔丧。时国藩所经营者以水师为一大端，有战船五百余号，炮二千余尊，他请假回籍之后，就把这件事保荐杨岳斌与彭玉麟两人担任，其他饷糈[2]及陆军诸事，则由官文、胡林翼主之。此时正江西军事吃紧的时期，故清廷只准他三个月假，他却要坚请在家终制[3]。后来因为事势的逼迫，国华、国荃于是年秋先销假同仟；次年夏四月，国华与李续宾等收复九江；秋八月，国荃收复古安；石达开窜浙闽边界，而湖北、江西之太平军乃渐渐荡平。

咸丰八年秋，国藩膺[4]清廷之命，复出料理军务，由武昌历九江、湖口，以达南昌。先是官文、胡林翼会筹东征之策，陆师渡江先皖而后及江南，水师先安庆而后及南京。以图皖之事，属之李续宾，疏请加巡抚衔，专折奏事。时太平英王陈玉成主皖事，既陷庐州，乃于距庐州九十里之三河，屯粮械，筑大城，环以九垒，防守甚严。续宾既下桐城，遂进攻三河，大战破之，九垒皆下，而所部伤亡亦

---

① 里弟，指里中宅第。多指大官僚私宅。

② 糈，xǔ，粮。精细的米。

③ 终制，父母去世服满三年之丧，又称"丁忧"。

④ 膺，yīng，接受，承受。

众。玉成暨侍王李世贤，纠合捻匪首领张乐行自庐州至，抄续宾后路，四面围裹，愈集愈厚，续宾知事不可为，夜乘跃马，入太平军而死。曾国华及诸弁①员死者六千人，湘军精锐歼灭殆尽，国藩闻之大惧，深恐湘军从此不能复振。会是时江南大营为李秀成所袭，提督和春、张国梁皆战没。和春督师江南，张国梁帮办江南军务，东南半壁，倚如长城。国梁谋勇兼优，数年以来，规划江宁，自谓克复在指顾间，乃兵饷大权，为和春所掣肘，以致援绝力竭，皆捐躯以死。江南大军三百营，悉为太平军夷为平地，清廷闻之大为震动。

道光以来，满人的腐败无能，已大白于天下，至咸丰时，始有文庆、肃顺等人，稍稍觉悟。文庆为满洲大学士，在内阁常密请破除满汉藩篱，不拘用人资格；欲办天下大事，当以用汉人为重，彼皆来自田间，知民疾苦，熟谙情伪，岂若吾侪②未出国门一步，懵然于大计者乎？肃顺在当时，骄恣暴戾，人莫不切齿骂之，然而主用汉人，倒是他最努力。他常说：满族中无一人可用者，国家遇有大疑难事，非倚重汉人不可。是时曾国藩、胡林翼等之握兵柄，肃顺尤力主之。每与人言曾国藩之识量，胡林翼之才略，皆彼素所心折；

---

① 弁，biàn，低级武职。

② 侪，chái，同辈或同类的人。

故虽祁寯①藻、翁心存两大学士之觭②舣龃龉，寯藻至谓国藩以匹夫居乡里，一呼而从者万余人，恐非国家之福，而主志终不为之摇夺，肃顺盖与有功焉。然而话虽如此，清廷究不欲以优越地位畁③予"匹夫"。国藩治军七八年来，转战于两湖、江、皖等省，皆以兵部侍郎资格，与地方大吏有主客之势；虽每次打了胜仗，清廷总以"曾国藩调度有方，著交部从优议叙"几句刻板文章，予以安慰，从未以实权相予。自江南大营为太平军所夷，两江总督何桂清遁走，江苏巡抚徐有壬、浙江巡抚罗遵殿俱死于难，眼见东南大局，土崩瓦解，始于十六年六月诏授曾国藩为两江总督，并命为钦差大臣，督办江南军务，于是事权归一。国藩乃保荐左宗棠专任浙事，李鸿章专任苏事，曾国荃围攻安庆，而胡林翼抚湖北，沈葆桢抚江西，晏端书谋饷粤东，皆联络一气，而饷有所出，呼应皆灵，如身之使臂，臂之使指，莫不皆从。

国藩既膺两江总督之命，乃以围攻安庆之师授与国荃，自率军进驻安徽南部之祁门，以固吴会人心，兼壮徽宁声势。十年十月，太平侍王李世贤悉众围祁门，分三路进攻：一出祁门东，陷婺源；

---

① 寯，jùn。
② 觭，jǐ。
③ 畁，bì，给，给以。

一出祁门西，陷景德镇；一出祁门北逾羊栈岭，直趋国藩大营。祁门危险万分，文报饷路，几于不通，有人劝国藩退师，国藩不听，悬剑帐外以自矢曰："去此一步无死所！"坚忍数旬，至十一年正月左宗棠击乐平，六战皆捷，乃通赣皖运输之道，而国荃亦大破陈玉成于安庆，遗书国藩谓"株守偏陬①无益，宜出大江规全局"。国藩战略，乃为之一变。

国荃既克安庆，乃回湘增募新军，转回安庆。其弟国葆亦从兄转战，所向有功。国藩乃以规取②金陵事付之国荃、国葆，又因苏常迭陷，乃疏荐道员李鸿章才大心细，堪膺疆寄，令仿湘军营制，自练淮军，并选名将程学启、郭松林以助之，命规复苏州，自己则由祁门移驻安庆，指挥众军。计国藩此时所指挥者，除国荃、鸿章之师外，左宗棠规取全浙之师，江北多隆阿围庐之师，李续宜援颍之师，江南鲍超进攻宁国之师，张运兰防剿徽州之师，杨岳斌、彭玉麟肃清下游之师，与袁甲三、李世忠淮上之师，都兴阿扬州之师，冯子材镇江之师，均奉命受国藩节制，军政统一，战事乃日有起色。

同治三年六月，曾国荃破金陵，戮洪秀全尸，章王林绍璋、顾

---

① 陬，zōu，角落；山脚。
② 规取，设法夺取；谋求取得。

王吴汝孝皆自杀，妃嫔投河死者无算，将弁三千余人皆战死，军民十余万人争蹈河死，尸填溢如桥，城郭宫室，连烧三日不绝。是时李鸿章亦于二三年间，先后收复太仓、昆山、吴江、江阴、苏州、常州等地，清廷闻之大悦，命廷臣议封赏。初咸丰死时，遗命能克复江宁者，当封以王爵。至是廷议以国藩文臣，且非满人，一旦封王，为旧制所无，因诏封曾国藩一等侯爵，曾国荃、官文、李鸿章俱一等伯爵，其余封赏有差。当江宁克复之际，国藩曾东下视师，惟不久又回皖垣；是年九月初一，乃率其全眷至江宁，改英王府（后由李鸿章改为安徽会馆，今尚存在）为两江督署。

时太平诸领袖虽相继而亡，其余党则散布于江北、安徽、河南、山东一带，而为捻乱。僧格林沁战殁于曹州，其势甚炽。四年四月，国藩奉命赴山东一带督兵剿办，山东、河南、直隶三省旗绿各营，及地方文武员弁，均归节制调遣。国藩乃会同淮军各将领，设安徽临淮、江苏徐州、山东济宁、河南周家口四大镇兵，互相遥应，呼吸相通；以有定之兵，制无定之寇，匪势渐渐清弭①，而后起之淮军，又颇得人，国藩很有退休的意思了，乃自陈病状，请以散员留营自效。清廷命国藩仍回两江总督本任，而以李鸿章代办剿捻事宜。

---

① 弭，mǐ。

国藩回任后，乃极力讲求吏治，以苏民困，又值是时正英法联军之役之后，外事日多，知笃守故常，不足以图自强而御外侮，举凡劝农、课桑、修文、清讼、戢①暴、去贪，以及整顿盐务，开垦荒地，铸造军械，仿制轮船，派遣出洋子弟，莫不手定章程，规模具备。七年四月，诏补武英殿大学士，七月调直隶总督，而以马新贻总督两江。他在直隶任上，仍旧继续地讲求吏治，劝学课农。是时清廷很感觉旧有军队，罢软凡庸，不足以戡乱，因令国藩在直隶以练湘军之法，选练六军，意为捍御畿辅之用，且为刷新全国军政之基。国藩乃条陈许多治军之法，清廷均一一允从。其后以直隶练军有效，他省仿而行之，营务为之一振，自国藩始。同时天津一带，常闹教案，而以同治九年之天津教案为最烈。先是天津有匪徒迷拐人口，为知府张光藻知县刘杰所获，供称受迷药于教民。民间遂喧传天主教堂遣人迷拐幼孩，挖目剖心为药料，又以义冢内尸骸暴露，俱视为教堂所弃。同治九年五月，遂聚众焚烧教堂，及拆毁法人所建仁慈堂，殴死法领事丰大业，杀伤教民男女数十人，又误杀俄国商人三名，误毁英美两国教堂各一所，群情汹汹，天津大扰。而曾国藩斯时正在病假中，清廷命亟往天津查办，国藩到津，立意与通商大臣崇厚分

---

① 戢，jí。

谤，不奖士民义愤，盖以粤捻初平，不宜与邻邦构衄①，又虑四国合纵，变生不测，于是力主和平。而法使罗淑亚肆意要挟，必令府县官及陈国瑞三人议抵，崇厚欲许之，国藩力持不可；而津民不知，大怨国藩，清廷诸人亦群起掊②击。崇厚惧事决裂，奏言国藩病重，请罢免，清廷乃以李鸿章代之，实则国藩所办，已有眉目。是年秋九月，仍由国藩与法使议结。定滋事人犯正法者十五人，军流者二十一人，天津知府张光藻知县刘杰皆遣戍，陈国瑞讯与津案无涉，着免议。案既结，又特派崇厚前往法国道歉，事乃了结。了结之后，国藩颇以外惭清议，内疚神明自责，引为一生憾事。当这件事初发生的时候，他本预备以身殉事，由保定将赴天津曾与其二子信云："余即日前赴天津查办殴毙洋人焚毁教堂一案，外国性情凶悍，津民习气浮嚣，俱难和协，将来构怨兴兵，恐致激成大变，余此行反复筹思，殊无良策。余自咸丰三年募勇以来，即自誓效命疆场，今老年病驱，危难之际，断不肯吝于一死，以自负其初心。"其后能于原案之外，无他损失，总算是已经出他意料之外了。

同治九年七月，两江总督马新贻为张汶祥刺死，清廷诏以国藩

---

① 衄，nǜ，损伤；挫败。
② 掊，pǒu，打击。

调补两江总督。此时国藩已经六十岁了，右目已经失明，又常患眩晕，因历陈病状，请另简贤能，开缺①调理。清廷则谓"两江事务殷繁，职任綦重，曾国藩老成宿望，前在江南多年，情形熟悉，措置咸宜；现虽目疾未痊，但得该督坐镇其间，诸事自可就理，所请另简贤能之处，着无庸议"。是年岁底，国藩抵金陵赴两江总督任。十一年二月初四日——公历一八七二年，国藩卒子两江总督任所。现在有《曾文正公全集》行于世。

———————

① 开缺，指旧时官吏因故不能留任，免除其职务，准备另选人充任。

第一编・总论

第一章

学的意义与范围

　　中国从前学者，常会发生一种错误，以为做学问就是隔绝尘世，关起门来读书。因此书本之外无学问，书本之外无世界。前辈先生往往读书数十年，而不解世事者，甚或出大门而不知东南西北者，都还是书斋里的本色。就是宋人在那里喊"学者学为人也"的口号，似乎是与世间相接近了，但是他们日日在那里寻孔颜乐处①，仍旧未免语句上的摸索，结果不过多刻几本《语录》，多教出几个同样没用的生徒，实际与古人为学意义，相去尚远。按《说文》："敩（篆

---

　　① 孔颜乐处，语自《论语·述而》

文省作學），觉悟[①]也。从教，从门，门尚矇也，臼声。"《段注》门下曰覆也。尚童蒙，故教而觉之。吾谓凡所不知不能者，皆谓之蒙，经他人之教，然后豁然知之能之，便谓之觉。故"学"字有提示仿效之义，先生拿过去的文化积累，和他自己的造诣成绩，提示学生，学生则凭其良知良能，以仿效，以觉悟，以知类通达，以化民成俗。《学记》曰："化民成俗，其必由学乎？"又曰："古之王者建国君民，教学为先。"学所以如此重要，就是要借过去的文化，启发后人的蒙昧。固然也未尝不有聪明特达智虑过人的人，似乎是可以不学而能。然而一人智力，成效总是很少，而所谓化民成俗者，是要使人民于不自觉间，变化其心性，改易其习俗，而趋于一轨，所谓纳民于轨物，这是何等伟大的事业！岂一人智力之所能胜？故一方面要孜孜不倦地去学，一方面还要急急地教百姓去学，然后化民成俗的大业，才有希望。

在这种学的空气中，自然不是终日的自己抱着书本教，百姓也终日的抱着书本子去读死书。舜使契[②]为司徒，教以人伦。父子有亲，君臣有义，夫妇有别，长幼有序，朋友有信。放勋[③]曰："劳之，来之，匡之，直之，辅之，翼之，使自得之。"为问使自得个什么？就是要

---

① 悟，wù。
② 契，xiè。上古时汉族传说人物，五帝之一尧的异母兄弟。
③ 放勋，即帝尧。

教百姓明了五伦之义，人心皆有，不学则蒙蔽而不能通达罢了。孔子教弟子亦是"入则孝，出则弟，谨而信，泛爱众，而亲仁，行有余力，则以学文。"子夏①曰："贤贤易色，事父母能竭其力，事君能致其身，与朋友交，言而有信，虽曰未学，吾必谓之学矣。"是知古人之所谓学，须在事业上表现出来，才见得是真学问；后世号称做事业的人，往往不学无术，卑污苟且，而号称做学问的人，又往往死于章句之下，做古人奴隶，其最大病根，就是把学问和事业分作两截。

往者已矣，五百年来，能把学问在事业上表现出来的，只有两人：一为明朝的王守仁②，一则清朝的曾国藩。二人都是以书生而克平世乱，都是在千辛万苦中，把学问事业，磨炼成功，都是戎马倥偬③之间，读书为学不倦。不过，王守仁天资高，是高明一路的人，故其为学途径，多偏于上达一方面，于下学功夫，则言之颇少。曾国藩为笃实一路的人，处处脚踏实地，故其为学途径，最合于下学之门。阳明之学学之不善，还会发生毛病；曾国藩的学问，则无论如何，都不会发生弊端。高明的人应该走这条路，迟钝的人也应该走这条路，下学的功夫如此，上达的功夫亦不过如此。因为他对学问的见解，不与凡俗同，而自己又能身体力行地做出榜样来，这便

---

① 子夏，孔子弟子。

② 王守仁，即王阳明。

③ 倥偬，kōng zǒng，匆忙紧张。

见得他的真学问。他说：

今人都将学字看错了，若细读贤贤易色一章，则绝大学问，即在家庭日用之间。于孝弟两字尽一分，便是一分学，尽十分便是十分学。今人读书皆为科名起见，于孝弟伦纪之大，反似与书不相关；殊不知书上所载的，作文时所代圣贤说的，无非要明白这个道理。若果事事做得，即笔下说不出何妨？若事事不能做，并有亏于伦纪之大，即文章说得好，亦只算个名教中之罪人。贤弟性情真挚，而短于诗文，何不日日在孝弟两字上用功。《曲礼》、《内则》所说的，句句依他做出，务使祖父母父母叔父母无一时不安乐，无一时不顺适，下而兄弟妻子，皆蔼然有恩，秩然有序，此真大学问也。（道光廿三年六月六日致诸弟）

人不读书则已，亦既自名曰读书人，则必从事于大学，大学之纲领有三：明德，新民，止至善，皆我分内事也；若读书不能体贴到身上去，谓此三项与我身了不相涉，则读书何用？虽使能文能诗，博雅自诩，亦只算得识字之牧猪奴耳，岂得谓之明理有用之人乎？……大学之条目有八，自我观之，其致功之处，则仅二者而已，曰格物，曰诚意。格物，致知之事也；诚意，力行之事也。物者即所谓本末之物也，身心意知家国天下皆物也，天地万物皆物也，究其所以当定省之理，即格物也；事见随行物也，究其所以当随行之理，即格物也；吾心物也，究其存心之理，又博究其省察涵养以存心之理，即格物也；吾身物也，究其敬身之理，又博究其立斋坐尸以敬身之理，即格物也；每日所看之书句句皆物也，切己体察即格物也；此致知之事也。所谓诚意者，即其所知而力行之，是不欺也，知一句便行一句，此力行之事也。此二者并进，下学在此，上达亦在此。

（道光二十二年十月二十六日致弟书）

这是他对学问的见解，能把书中之事，处处体贴到身上去。照此处所引第一段，好像他所谓大学问，只在孝弟两字。看第二段，他解格物诚意，然后知我们随时随地，都应该在学问陶镕中。读书固然是在做学问，即行止坐卧，亦即是在做学问。大概学问之事，原无定项，居家则将家中做到蔼然有恩，秩然有序。居国家天下，则使人民各安其所，近悦远来，推而至于为农为圃，为工为商，各思慎其职而敬其事，便是在做学问。孔子曰："君子无终食之间违仁。造次必于是，颠沛必于是，"不违仁便是时时在做学问，朱子所谓"一息尚存此志不容稍懈"，都见得虽在造次颠沛之间，而为学不辍。不但如此，还要能在职业的本身与环境的本身，去寻求学问。如前所云，农圃工商，就在农圃工商中去求学识，求进益。处困穷的环境，不但能不怨不尤，并且能乐道不渝，处富贵的环境，不但能不骄不泰，并且能谦礼下人，如此一一做到了，虽曰未学，吾必谓之学矣。

学的性质既如此广大精微，无所不在，其范围将如何规定呢？姚姬传①言学问之途有三：曰义理，曰辞章，曰考据。曾氏引申其义曰：义理一门，在圣门为德行而兼政事，辞章则圣门言语之科，考据则圣门文学之科。此曾氏《圣哲画像记》之言，盖以说明姚氏之言耳。在他的日记中，则谓有义理之学，有辞章之学，有经济之学，有考据之学。四者之中，义理一门，自然尤为学问之本，立身之基。我以为，他生平成功多得力于此，而他生平用力之深，亦太半在此。当他三十二岁在京城充国史馆协修官时，他自订课程十二条，就见得他为学的道路与身体力行的精神。其十二条中之重要者，摘录如下：

> 主敬　整齐严肃，无时不惧，无事时心在腔子里，应
> 事时专一不杂，清明在躬，如日之升。

> 静坐　每日不拘何时，静坐四刻，体验来复之仁心，
> 正位凝命，如鼎之镇。

---

① 姚姬传，即姚鼐，安徽桐城人，清代著名散文家，"桐城派三祖"之一。

读书不二　一书未完，不看他书，东翻西阅，徒务外为人。

养气　气藏丹田，无不可对人言之事。

日知所亡　每日读书记录心得语，有求深意是徇人。

月无亡其能　每月作诗文数首，以验积理之多寡，养气之盛否，不可一味耽着，最易溺心丧志。

这个课程表，他终身行之，无大更变；所以他的成就，亦正能如其所期。现在就其所成就者分类而详说之，则可列为三大部门：曰修养，曰治事，曰读书。所以不依曾氏义理、辞章、经济、考据四种分法者，为其言不甚显豁，而于本书性质尤不相宜。实则修养即曾氏所谓义理之学，治事则经济之学，读书即辞章之学与考据之学。他生平所治之学，可以此三种尽之。他对此三种，都有深刻的研究，精细的心得，极具体、极简易的治学方法。他所治学问的内容，虽然未尽适合于今日，但是他治学的方法，确在在足以为今人模范，是以本书所言，完全重在他的方法，而不一一述其学术内容。

第二章

曾氏气度与学风

孟子曰："颂其诗，读其书，不知其人可乎？"我们既略知曾氏对学问的意义与学问的范围，都有很精微的解释，我们更要进一步去研究他治学的方法，故不能不先知他的气度与他的学风。知得他的气度，然后知他学问事业造诣的根柢；知得他的学风，然后知他的治学方法所由来。并且可以明白荀以颂其诗，读其书还不够，定要加一个知其人。大概不知其人的身世，徒读其诗书，恐怕就时时要感觉书中言论，像是突如其来。譬如不明白荀卿①的个性，乍

————————

① 荀卿，即荀子。

看他书，就会疑惑他何以要主张性恶，何以开口就是人之生固小人。明白了他的性情行事，然后再看他书，就毫不奇怪了。因此我们在研究曾氏治学方法之前，定要有本章的叙述。

　　曾国藩的才质，并不能算是聪秀。老实点说，他的确是一位很拙钝的学者，不但在他的日记、家书中间，常常发现他自己说他是天性鲁钝；就纵或他自己不说吧，我们只要看他修己、治人、齐家、读书诸事，几无一处不见得他鲁钝或拘拙。鲁钝与拘拙并不是坏事，高明与聪颖，亦并不是好事。可以说曾氏一生得力处，就在他自知鲁钝，乃勤勤恳恳，孜孜矻^①矻，按部就班地去走下学上达困知勉行的道路。平常人坏处，就在自以为有几分小聪明，于是聪明反被聪明误，凡事好高骛远，而不脚踏实地地去做，所以结果倒还是鲁钝拘拙的人成功。以圣门学生而论，子贡^②比曾子聪颖得多了，然而孔子之道传之曾子，赐不受命，而货殖^③焉。就可知孟子恶智，老子尚拙的深意了。我所谓曾氏的鲁钝拘拙，就是因为他的天性是笃实敦厚一路的人，而自己又深察平常人所谓聪明的危险，所以自己不知不觉就会做到鲁钝拘拙一路上去。然而拿他学问造诣和事业的成功

---

　　① 矻，kū，努力，勤劳的样子。

　　② 子贡，即端木赐，复姓，字子贡。

　　③ 货殖，谓经商营利。

来说，就要格外使我们深服他精神的可畏。另一方面说，假如我们自己感觉自己的天资不甚高明，也就不必自馁；即自命是有几分聪明的人，尤应该时自儆①励。

因为他是诚笃一路的人，所以要看他的气度，也该以此为出发点。他气度的表现，可以从两方面观察：一是他自己的立身为人，二是他的待人接物。在叙述他这两方面之前，我先引薛福成②的一段话，可以概见这两面的大要。他说：

> 曾国藩自通籍后，服官侍从即与故大学士倭仁，前侍郎吴廷栋，故太常寺卿唐鉴，故道员何桂珍，讲求先儒之书，剖析义理，宗旨极为纯正。其清修亮节，已震一时，平时制行甚严，而不事表襮③于外，立心甚恕，而不务求备于人，故其道大而能容，通而不迂，无前人讲学之流弊，继乃不轻立说，专务躬行，进德尤猛。其在军在官，勤以率下，则无间昕④宵；俭以奉身，则不殊寒暑。久为众所共

---

① 儆，jǐng，让人自己觉悟而不犯错。

② 薛福成（1838~1894）江苏无锡人，近代散文家、外交家，洋务运动的主要领导者之一。1865年，入曾国藩幕僚，历时七年。

③ 襮，bó，表露；外表。

④ 昕，xīn，太阳将要升起时候。

见，其素所自勖①而勖人者，尤以畏难取巧为深戒，虽祸患在前，谤议在后，亦毅然赴之而不顾。与人共事，论功则推以让人，任劳则引为己责。盛德所感，始而部曲化之，继而同僚谅之，终则各省从而慕效之，所以转移风气者在此，所以宏济艰难者亦在此。……其数十年逐日行事，均有日记，……战兢临履之意，溢于言表，此其克己之功，老而弥笃，虽古圣贤自强不息之学，亦无以过之也。(《庸盦文集》)

在这一段中，我们已可见得曾氏气度的大略。关于他自己立身为人的，则制行甚严而不事表襮于外，立心甚恕而不求备于人，专务躬行，进德尤猛，不畏难，不取巧，虽祸福在前，谤议在后，亦毅然赴之而不顾。关于待人接物的，则论功则推以让人，任劳则引为己责，气度是如此的恢宏阔大，安得不为一代中心人物的中心？薛氏在他部下多年，我们相信薛氏的道德文章，当然是"污不至阿其所好"。

他处处表现着脚踏实地的精神，所以他时时有犹恐失之的感觉。我们看他把日常功课立为课表，每日照上面做，更于每晚做日

---

① 勖，xù，勉励。

记，自讼这一天言论行事得失。还恐怕有懈怠疏忽的地方，又常做出许多箴言、对联，或者标几个字在自己脑筋里，做立身行事的标准，使随时随地有所鉴戒。这是翻开他的全集，处处可以见到的。我们统观他的言论行事，可说是洗净浮华，朴实谙练，日积月累，如愚公之移山。若拿几个抽象的名词来表白他这种气度，则谦、恕、勤、恒四字，很可以代表。大概谦、恕二字可以代表他待人接物的气度，勤、恒二字，则是他终身行事的不二精神。他尝说："君子之道，莫善于能下，莫不善于矜。"（见《杂著·气节·傲》）又曰："此身无论处何境遇，而敬恕勤字，无片刻可弛。"（见日记）即此数语，可见得曾公气度之一般了。

他的气度是如此，所以造成他朴实谙练的学风，他觉得学问这件事情，是应该公之天下，不应该有主观成见掺杂其间，更不应该互相标榜，以成所谓门户之见，在他家书中曾经说过："信中言兄与诸君子讲学，恐其渐成朋党，然弟尽可放心，兄最怕标榜，常存暗然尚䌹之意，断不至有所谓门户自表者也。"这几句话并不是偶然因其弟信中之言而为此顺便的解答，他对学问素来就未主张过门户。他觉得各家的学问，都必有其长处，若能去短取长，则不但无门户相标的必要，并且有兼取众长的好处。这种泰山不让土壤，河海不择细流的态度，在清朝学者中，就不大多见。乾嘉年间的那些大师，自号汉学，于是丑诋宋人理学，不遗余力，间有讲理学者则又或标程、朱，以攻陆、王；或标陆、王以攻程、朱。在他看来，都是不免于太自隘了。在他所著《圣哲画像记》一篇之中，颇可以见得他对于各门学问都有兼收并蓄、博采众长的精神。他中间有一段说：

> "自朱子表章周子、二程子、张子，以为上接孔孟之传，后世君相师儒，笃守其说，莫之或易。乾隆中，阎儒辈起，训诂博辨，度越昔贤，别立徽志，号曰汉学，摈有宋五子之术，以为不得独尊；而笃信五子者，亦屏弃汉学，以为破碎害道，断断焉而未有已。吾观五子立言，其大者多合于洙泗，何可议也？其训释诸经，小有不当，固当取近世经说，以辅翼之；又可屏弃群言，以自隘乎？"

这是他显然的不赞成汉学家与宋学家的互相攻击。他觉得这样互相攻击，直是把自己看小了。因为他是要兼综汉、宋之长，以成文实并茂的学问，故不欲左袒[1]以附一哄。且不独于汉、宋之争为然，于程、朱、陆、王之争，亦复如此。唐镜海[2]是曾氏的先生，著《清朝学案小识》专尊程、朱，而排陆、王，于是就成一部著名的坏书。

---

[1] 左袒，古代礼仪，露出左臂。管偏护一方叫左袒。

[2] 唐镜海，即唐鉴，字镜海。

曾氏就不如此，他说："朱子主道问学，何尝不洞达本源？陆子尊德性，何尝不实征践履？姚江（王阳明）宗陆，当湖（陆清献）宗朱，而当湖排击姚江，不遗余力；当湖学派极正，象山姚江亦江河不废之流。"（《覆颍州夏教授书》）以此态度，比之于唐镜海的拘墟^①狭隘，真是相去不可以道里计了。不但如此，在他日记中，还有这样几句话：

> 以庄子之道自怡，以荀子之道自克，其庶为闻道之君子乎？以禹、墨之勤俭，兼老庄之静虚，于修己治人之术，两得之矣。周末诸子，各有极至之诣，其所以不及孔子者，有所偏至，即彼有所独缺，亦犹夷、惠之不及孔氏耳！若游心能如老庄之虚静，治身能如墨翟之勤俭，齐民能如管、商之严整，而又持之以不自是之心，伪者裁之，缺者补之，则诸子皆可师不可弃也。

观此数段，则知曾氏不但于汉、宋之争，朱、陆之争，认为非学者应有态度，且欲合上下古今诸子百家于一炉而共冶之，伪者裁之，缺者补之，以成其广大深渊。这种毫无主观成见，纳百川于一海的为学精神，乃为曾氏治学方法中的主要条件；故欲论曾氏的学风，不可不首先知道他这种博采众取，不主门户，不尚标榜的气概。

---

① 拘墟，即拘虚。比喻孤处一隅，见闻狭隘。

其次在他学风中占重要地位者，就要算他那困勉的工夫。他尝说："天下事未有不从艰苦中得来，而可久可大者也。"又曰："百种弊病，皆从懒生，懒则弛缓，弛缓则治人不严，而趣功不敏，一处懈，则百处懈矣。"这几句话，可算是他为学精神的纲领。他所以能如此艰苦卓越，不稍弛缓者，正因为他把学问目标立得很远大，故日求赴之不敢荒懈，盖即庄子所谓："适千里者三月聚粮"之意了。我们看他的座右铭：不为圣贤，便为禽兽；不问收获，只问耕耘。即可知其所期之远大，与用力之不可以不勤勉了。且人非生知安行者，凡事总得带几分勉强，才能有所成就，常人之畏难苟安，就是不愿意勉强。不知"虽小道必有可观者矣"，所谓可观，就是说虽是一件小能小艺，都必定要经过若干勉强力行，然后才可以有这小小的成就。曾氏对困勉的境界，体会至为深透，兹录数段如下：

　　余于凡事皆用困知勉行功夫，尔不可求名太骤，求效太捷也，以后每日习柳字百个，单日以生纸临之，双日以油纸摹之。临帖宜慢，摹帖宜疾，专学其开张处，数月之后，手愈拙，字愈丑，意兴愈低，所谓困也。困时切莫间断，熬过此关，便可少进。再进再困，再熬再奋，自有亨通精进之日；不特习字，凡事皆有极困难之时，打得通的，便是好汉。(《家训·纪鸿》)

人性本善，自为气禀所拘，物欲所蔽，则本性自失；故须学焉而后复之。失又甚者，须勉强而后复之。……凡有血气，必有争心，人之好胜，谁不如我？施诸己而不愿，亦勿施于人，此强恕之事也。一日强恕，日日强恕，一事强恕，事事强恕，久之则渐近自然，以之修身则顺而安，以之涉世则谐而祥，孔子之告子贡、仲弓，孟子之言求仁，皆无先于此者；若不能勉强而听其自然，以顽钝之质，而希生安之效，见人之气类与己不合，则隔膜弃置，甚或加之以不能堪，不复能勉强自抑，舍己从人，傲惰彰于身，乖庆著于外，鲜不及矣。庄子有言："刻核太甚，则人将以不肖之心应之。"董生有言："强勉学问，则闻见博而知益明，强勉行道，则德日进而大有功，"至哉言乎。(《杂著·勉强》)

余观自古圣贤豪杰，多由强作而臻绝诣。淮南子曰："功可强成，名可强立。"《中庸》曰："或勉强而行之，及其成功一也。"近世论人者，某也向之所为不如是，今强作如是，是不可信，沮自新之途，而长偷惰之风，莫大乎此。(《杂著·勉强》)

这几段发挥困勉的意义与效益，可谓淋漓尽致；并且他这言论，并没有一句高远的理论，都是很平易的事实，而且句句都是他自己经验过来，有方法，有步骤，只要按照他这方法去做，不会没有效益的。怕的就是稍遇困难，就不愿勉力前进，就成为中道而废。于是成者愈成，止者愈止，最后乃变成相悬甚远的两样人。我们看他教纪鸿[①]用困勉工夫的方法，是何等亲切？大概宇宙间无论哪一种学问，绝没有不须勉强力学就能成功的；纵令有了，这种学问的价值，也就有限。假如这一门学问，是可以不须勉强学成，如目之能看，耳之能听，则根本这种机能，就不必称为学问。既成为一种学问，必其中须要若干心力，若干困难，且必以我精神胜过困难，然后庶乎有得。胜过小困，则有小得；胜过大困，始有大得。试看古今中外之大学问家，那一个不是胜过重重叠叠的困难，然才有所成功。曾氏所举写字之例，就是一个榜样。他说："数月之后，手愈拙，字愈丑，意兴愈低，所谓困也。"这几句话，只要我们曾在任何一门学问上用过功力，都会领略得到；不过我们当这个困的时期，是怎样的情形呢？勉力前进呢？废然摧沮[②]呢？当然有很多的人是勉力前进，以求达他最后的目标，但恐怕畏难苟安，萎缩不前者，定亦不在少数。所以他接着就说："困时切莫间断，熬过此关，便可少进。再进再困，再熬再奋，自有亨通精进之日。"看他用这一个"熬"字，就可知道这

---

① 纪鸿，即曾纪鸿，曾国藩次子，数学家。
② 废然摧沮，沮丧失望的样子。

个关头，确不容易过去，苟没有坚忍的耐心与精力，恐就难免要被困难阻挠了吧。而且这个困难，还不只一次，虽然熬过一次，便有少许进步，但是方见进步，却又有第二次的困难，定要经过若干次的"熬"，若干次的"奋"，然后才有亨通精进的境界。这若干次的困进，就不是一般浅尝辄止的人们所能打过。所以他说："打得通的，便是好汉。"这一段他描绘困勉工夫，最为透彻，可以说是他自述其学问心得，以教其子，也可以说他在发挥学问上必经的道路；这种困勉的工夫，不但是他自己凡事皆用，并且教导子弟，教导友朋部属，都是这一套法门。因为他认定学者自读书以至于复性，做圣贤豪杰，都不可舍勉强而听其自然，所以困勉工夫，也是他学风中重要之一。

此外，还有一种，也在他学风中占有地位，就是求阙①的精神。他因为时时要戒骄傲，戒懒惰，所以时时刻刻惟恐自己犯自满的毛病，乃名其居曰：求阙斋。就是表示要求阙的意思。原来人的学问，到稍有造诣的时期，诚难免傲然自足，轻视他人，因此他乃处处存一个求阙的念头；处处求阙，自然无形中就不会自足与轻视他人。这还是就消极一方面说；凡人能时时刻刻求自己的阙，则其进德修业，亦必较他人为猛，这都是求阙精神的效益。然而他自己所谓求阙者，

---

① 阙，缺点。

则完全出于临深履薄之心，惟恐高而致危，满而致溢，他全生的学问事功，都时时带有这种惕励之心。他自己尝说：

　　"余居京师，自名所居曰求阙斋，恐以满盈致咎也。人无贤愚，遇凶皆知自悔，悔则可勉于灾庋，故曰震无咎者存乎悔，动心忍性，斯大任之基，侧身修行，乃中兴之本。自古成大业者，未有不自困心横虑觉悟知非而来者也。咎则驯致于凶，悔则渐趋于吉，故大《易》之道，莫善于悔，莫不善于咎。吾家子弟，将欲自修而免于愆尤，有二语焉：曰无好快意之事，常存省过之心。"（见《杂著·悔咎》，参阅所著《求阙斋记》）

　　这几句很可以概括他求阙的意义，这种意义，在他治家的学问上，表露尤多，是以其教训子弟，常以迁善改过，持满戒盈为务。他曾说：

　　吾人只有进德修业两事靠得住，进德则孝弟仁义是也。修业则诗文作字是也。此二者由我作主，得尺则我之尺也，得寸则我之寸也，今日进一分德，便算积一升谷，明日修一分业，又算余了一文钱；德业并增，则家私日起，至于功名富贵，悉由命定，丝毫不能自主。（道光二十四年八月

廿九日致四位弟书）

季弟[①]书中，言每思留心于言行之差错，以时时儆惕，余观此语，欣慰之至。凡人一身，只有迁善改过四字可靠。凡人一家，只有修德读书四字可靠，此八字者，能尽一分，必有一分之庆，不尽一分，必有一分之殃，其或休咎相反，必其中有不诚，而所谓改过修德者，不足以质诸鬼神也。吾与诸弟勉之又勉，务求有为善之实，不使我家高曾祖父之积累，自我兄弟而剥丧，此则余家之幸也。（咸丰元年七月廿八日致诸弟信）

照这一类意思，在他家书和日记里面，可算是触目皆是，他有了这个观念在心目中，所以不敢自是，不敢自满，以养成他虚怀若谷的治学精神；这种精神，并不是可以虚伪掩饰做成门面的，更不是畏神畏鬼，迫于迷信的，苟其如是，则行之不能自然；且至大利害冲突的时期，就会显现出很大的裂痕。他是完全由于心志远大，目光远大，且深信孟子"求在我"与"求在人"之意义，溶化而来。迁善改过，修德读书，皆求之在我，且可久可大，而毫无扞格[②]。积谷积钱，皆求之在人，且过眼烟云，瞬即剥丧。虽然，此理甚明，常

① 季弟，指最小的弟弟。

② 扞，qiān，扞格，有矛盾，或抵触之意。

人皆可见到，然而非有深厚学养，即不能做到。曾氏系将修养、事功、读书，联成一片，几无时无地不是他研究学问的场所，无事不是他研究学问的资料，故他这求阙的精神，虽稍偏于个人的反省与治家的儆惕，我亦认为是他学风之一。

　　由上面的叙述，可以知道他的气度是谦恕勤恒，而学风则为不立门户，困知勉行与求阙。他的气度自然是他学养的成绩，亦可以说他的学问事功，亦因他的气度而更光辉充实；至于他的学风，则又为他的治学方法根柢，请于以下各章分述之。

第二编 · 修养

修养这件事，可说是一切学术的出发点，虽然各人所学并不一致，但必经过一段修养工夫，这学问才靠得住。譬如说任何一种学问，总得具有恒心者，才能有所获得，这恒心就必须养而后有。又譬如做学问的必具有一副好身手，然后才能运其所学，而为世用，这好身手就必须继续修练才能成功。所谓养而后有，所谓继续修练，就是最浅显的修养。且人之为学，所以学为世用，苟不早具良好习惯，则一入社会，鲜有不格格不入，虽有技艺，亦无由表达了。故凡书本文字之外，心性行为上的良好习惯，身体器官上的良好技能，所谓养成健全体格，均非切实修养不会成功。且也，这些习惯与技能，苟毫无修养，则知识愈富，为害愈多，根本就谈不到学问。社会进步，知识技艺，当然有极重大的用场，但是我们苟不把内心先养好了，则知识技艺，且无所容。是故我们先有了内心的修养，就好像备了一副舟车，有了舟车，然后可以容载许多谷物；没有这副舟车，虽有谷物，将无所收束，势将狼藉满地，非但无济于用，犹将感觉讨厌了。所以学者身心的修养，确是一切学问的源泉。

宋明理学家，就是因为感觉有一部分学者太舍本逐末了，以为知识技艺就是学问，所以他们大声疾呼，在那里喊诚意正心，喊得太起劲了，又往往会矫枉过正，专门在诚意正心上面做工夫，而忘了诚意正心之后，还有治国平天下的事业；更有时会把诚意正心、修身、齐家、治国平天下分成两截，以为修身以上是一事，修身以下又是一事，好像一个人要派若干年工夫去做修身以上的事，然后才能谈到齐家治平的事。不知如此做去，非但不切实，并且很危险；因为修养而不切于实际，空空洞洞关起门来去做，自然有一部分是可以的，而且是应该的——如静坐等；然苟终其身都是空空洞洞，关起门来造车，出门就难以合辙。且人所最难制胜者，莫如名利关头。空谈屏除名利之见，是容易的，到真实名利来了，还能淡然恝^①置，不为所动，就要看真实的修养工夫了。

---

① 恝，jiá，淡然置之，不加理会。

所谓真实的修养功夫，我则以为最好方法是就事上去修练，不然，徒托空言，遇事即见痕迹，其原因就是因为离开事实去谈修养，所以愈修养愈迂腐，离开社会愈远，到最后他便专去做修身以上的一段工夫，修身以下一段的功夫就完全废置了。如此做去，即使做得好的，号称道德高尚，亦不过是静的道德，病的道德，与社会无甚实用的道德，此所以中国从前学者往往满腹文章，而不能任天下之事者，就是出于此途。做的不好，所谓见猎心喜者，一到名利关头，则前功尽弃，世人所称为伪道德、伪君子者，尽是出于此途。两种毛病，都是因为修养时期，离开事实太远的原故。

　　故吾人不谈修养则已，谈修养则必就事论事，才有实效，亦才有生趣。譬如我们日常工作，处处不苟，待人接物，时时谦和，一有苟且傲慢，便立自谴责，立自改悔，这便是修养的实效；故凡离开事实太远而谈修养者，都不免空洞而有流弊。曾国藩氏之学术事功，都能如此辉煌者，全因为他修养工夫的深厚，而修养工夫之所以能切于实际，就是因为他不落空，日常工作，遇事反省。遇读书写字就在读书写字上求修养，遇待人接物，即在待人接物上求修养，带兵即在带兵上求修养，从政即在从政上求修养，可算随时随事都是他修养的资料。他把修养，看作合于实际应用的事实，所以他的修养工夫，处处能有生发的兴趣。第一是事业上的兴趣，第二是身心上的兴趣。

怎样是事业上的兴趣？因为他拿办事当练习才能，修养身心的工具，所以他处处感觉事业上的兴趣。事体顺手，固然有兴趣，即事体棘手，亦可借以磨炼经历，开拓胸襟。所以他说：

> 凡办一事必有许多艰难波折，吾辈总以诚心求之，虚心处之，心诚则志专而气足，千磨百折而不改其常度，终有顺理成章之一日；心虚则不动客气，不挟私见，终可为人共亮。大抵任事之人，断不能有誉而无毁，有恩而无怨，自修者但求大闲不逾，不可因讥议而馁沉毅之气。衡人者但求一长可取，不可因微瑕而弃有用之才，苟于峣峣者遇事苛求，则庸庸者反得幸全。

> 遇棘手之际，须从耐烦二字，痛下工夫。

> 喜誉恶毁之心，即鄙夫患得患失之心也；于此关打不破，则一切学问才智，实足以欺世盗名。

> 我辈办事，成败听之于天，毁誉听之于人，惟在己之规模气象，则我有可以自立者，亦曰不随众人之喜惧为喜惧耳！

天下惟忘机可以消众机，惟懵懂可以祓①不祥。

　　这几段都是他在办事上得到的修养心得，这些心得都绝不是关起门来空谈修养者所能梦见。大概他自己先立一个光明磊落的定见，然后收罗各方人才，顺这个定见做去，然后再以诚心求之，虚心处之，至于艰难波折，则早在他预计之中，虽千磨百折，而不改其常度。因为他相信只要自己果诚心，果虚心，不动客气，不挟私见，终可为人所共亮；即未得共亮而有毁谤，他也只问自己的心胸是否磊落光明，假如问心无愧，有可以自立之道，则毁誉皆听之于人，不做鄙夫患得患失的态度。

　　我们看他初起湘乡的时候，因当时兵政废弛，土寇蜂起，地方官畏葸养痈，国藩则力主严明，十旬之中，戮二百余人，一时谤讟四起，至有"曾剃头"之称，然而国藩不为所动，而卒成削平内乱之大功。这便是他沈毅之气，始终不馁的功效。他何以能如此呢？我以他的秘诀，就在一面"从耐烦二字痛下工夫"，一面能"忘机"。我们平常所以偾事②，恐怕就因为不能耐烦的缘故吧？因为不能耐烦，故遇棘手之际，则猜疑嫉恨之心，往往缘之而起。也许他人原没有

----

① 祓，fú，古代一种除灾祛邪的祭祀活动。泛指扫除。
② 偾，fèn，偾事，败事，搞坏事情。

机心，倒因我先有机心而引起他人之机心，则事安有不败之理？他之所谓"忘机能消众机"就是萧王^①推赤心置人腹中的气度。如此，可以说他是在办事，亦可以说他是在借事以磨炼经历，开拓胸怀，更可以说因经历胸怀之修练，而所办之事，更能顺理成章。这是因为修养工夫而得到事业上的兴趣。

怎样是身心上的兴趣呢？大概提起修养两个字，或者就会有人要认为是腐儒的口头禅吧？诚然，不谈修养则已，一谈修养，总是一开口就是慎独呀，主敬呀，诚意正心呀，把活泼泼的青年，几乎要拖到坟墓里去，才算是修养的功效；这样安得不被人们认为迂腐之谈呢？然而曾氏的修养旨趣，却不如此。他除了事业上的修养之外，常把最紧要的修养工夫，撮成几项，再将工夫的境界与修养之实效，一一从自己经验中叙述出来，使后生感觉修养这件事并不枯燥沉闷，而且易知易行，生趣勃发。所以我感觉得他所指示人的修养途径，处处都与实际生活有关，而无丝毫玄远空洞之病。他曾自订修养日课四条，录其大要如下：

一曰慎独则心安　自修之道，莫难于养心，心既知有善，知有恶，而不能实用其力，以为善去恶，则谓之自欺；

---

①　萧王，指刘秀，典出《后汉书·光武帝本纪》。

方寸之自欺与否，盖他人所不及知，而己独知。……曾子所谓自反而缩，孟子所谓俯不愧仰不怍，所谓养心莫善于寡欲，皆不外乎是。故能慎独则内省不疚，可以对天地质鬼神，断无行有不慊于心则馁之时，人无一内愧之事，则天君泰然，此心常快足宽平，是人生第一自强之事，第一寻乐之方，守身之先务也。

二曰主敬则身强　敬之一字，孔门持以教人……内而专静纯一，外而整齐严肃，敬之工夫也；出门如见大宾，使民如承大祭，敬之气象也；修己以安百姓，笃恭而天下平，敬之效验也；……敬字切近之效，就在能固人肌肤之会，筋骸之束，庄敬日强，安肆日偷，皆自然之应征，虽有衰年病躯，一遇坛庙祭献之时，战阵危急之际，亦不觉神为之悚，气为之振，斯足知敬能使人身强矣。若人无众寡，事业无大小，一一恭敬不敢怠慢，则身体之强健，又何疑乎？

三曰求仁则人悦　凡人之生，皆得天地之理以成性，得天地之气以成形，我与民物，其大本乃同生一源，若但知私己而不知仁民爱物，是于大本一源之道，已悖而失之矣。至于尊官厚禄，高居人上，则有拯民溺救民饥之责，读书学古粗知大义，即有觉后知觉后觉之责；若但知自了而不知教养庶汇，是于天之所以厚我者辜负甚大矣。……后世论求仁者，莫精于张子之《西铭》，彼其视民胞物与，宏济群伦，皆事天者性分当然之事，必如此乃以谓之人，不如此则悖德曰贼。诚如其说，则虽尽立天下之人，尽达天下之人，而曾无善劳之足信，人有不悦而归之者乎？

四曰习劳则神钦　凡人之情，莫不好逸恶劳，无论贵贱智愚老少，皆贪于逸而惮于劳，古今之所同也。人之一日所着之衣，所进之食与一日所行之事，所用之力相称，则旁人韪之，鬼神许之，以为彼自食其力也。若农夫织妇，终身勤动，以成数石之粟，数尺之布，而富贵之家，终岁逸乐，不营一业，而食必珍馐，衣必锦绣，酣豢①高眠，一呼百诺，此天下最不平之事，鬼神所不许也，其能久乎？……为一身计，则必操习技艺，磨炼筋骨，困知勉行，操心危虑而后可以增智慧而长才识；为天下计，则必己饥己溺，一夫不获，引为余辜。……军兴以来，每见人有一材一技能耐艰苦者，无不见用于人，见用于时，其绝无材技，不惯作劳者，皆唾弃于时，饥冻就毙，故勤则寿，

① 豢，huàn。

| 曾国藩的真实照片，摄于同治十年（1871年）
三月二十六日。

曾国藩在当天的日记中记载了这次拍照经历：

早饭后清理文件。坐见之客一次，立见者一次。出门拜万麓轩、李眉生，均未晤，巳初归。围棋二局。核批稿各簿。见客一次。中饭后阅本日文件。树堂约吴子登来，以玻璃用药水照出小像，盖西洋人之法也。为余照一像。纪鸿之次子病，早间甚重，晚来轻减。余目蒙殊甚，虽《阅微草堂笔记》等闲书亦不能看，因在洋床上闭目小坐。傍夕小睡。夜温《古文》气势之属，以眼蒙不能久看，闭目小坐。二更四点睡。眼病如此，便与盲人无异，为之愧叹。

同治十年三月二十六日。

| 曾国藩朝服像。

| 清人绘曾国藩朝服像。

曹文正公

| 曾国藩便服像。

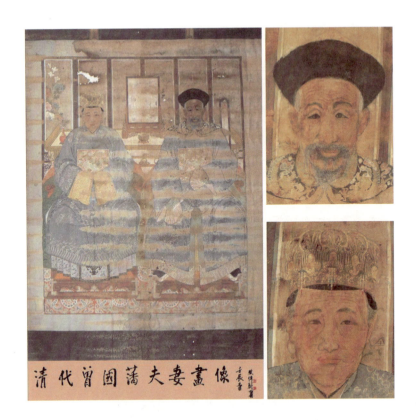

清代曾国藩夫妻画像

|曾国藩与其夫人欧阳氏画像。

玉芝紫笋生无数

露叶风枝晚自匀

丹阶守戒雅正

沅甫曾國荃

| 清人绘曾国藩九弟曾国荃（1824年~
1890年）画像。

| 曾国荃楷书"玉芝露叶"七言联纸本
澳大利亚新南威尔士州美术馆藏。

| 曾国藩次子、清代著名外交家曾纪泽（1839~1890）。

| 发表于国外报刊上的曾纪泽坐像。

堅其志苦其心 勤其力
事無大小必有所成

啟範先生雅屬　崇德老人年九十有一

先文正公語

| 曾纪芬（1852~1942），曾国藩女儿，嫁入衡山聂家。号崇德老人，幼承家学，工书，善诗文。本书"序"作者。

| 崇德老人书法作品。

| 日本人藤井彦五郎出版于1903年的《北清名胜》
(*The views in North China*) 一书中的插图。可见
曾国藩、曾国荃、李鸿章等人的影像。

| 晚清北京城街景。

| 天津教案资料图。

| 曾国藩故居。

曾国藩故居富厚堂坐落在湖南娄底双峰县荷叶镇（旧属湘乡），
始建于清同治四年（公元1865年）。整个建筑像北京四合院结构，
包括门前的半月塘、门楼、八本堂主楼和公记、朴记、方记3座
藏书楼、荷花池、后山的鸟鹤楼、棋亭、存朴亭，还有咸丰七年
曾国藩亲手在家营建的思云馆等等，颇具园林风格，总占地面积
4万多平方米，建筑面积1万平方米。

| 曾国藩故居内景。易建辉 摄。

| 曾国藩故居内景。易建辉 摄。

| 曾国藩归葬处。

曾国藩墓位于湖南长沙岳麓区坪塘街道桐溪寺后伏龙山上。清同治十一年（1872年），曾国藩归葬于此。墓后立碑三通，白玉石碑心，上刻楷书碑文"皇清太傅大学士曾文正公一品侯夫人欧阳夫人之墓"。墓前有拜台，祭坪约50平方米，东西立石阙各一。

| 曾国藩家书之《复曾国荃、曾国葆书札》，湖南省博物馆藏。

释文：

沅、季弟左右：

十二早接弟贺信，系初七早所发，嫌到此太迟也。兄膺此巨任，深以为惧。若如陆、何二公之前辙，则诒我父母羞辱，即兄弟子侄亦将为人所侮。祸福倚伏之几，竟不知何者为可喜也。默观近日之吏治人心，及各省之督抚将帅，天下似无戡定之理，吾惟以一勤字报吾君，以爱民二字报吾亲。才识平常，断难立功，但守一勤字，终日劳苦，以少分宵旰之忧。

行军本扰民之事，但刻刻存爱民之心，不使先人之积累自我一人耗尽，此兄之所自矢者，不知两弟以为然否？愿我两弟亦常常存此念也。沅弟"多置好官、遴选将才"二语，极为扼要。然好人实难多得，弟为我留心采访，凡有一长一技者，兄断不敢轻视。

谢恩折今日拜发。宁国日内无信，闻池州杨七麻子将往攻宁，可危之至！即问近好。

兄国藩手草七月十二日

| 曾国藩日记。

释文：

知足天地宽，贪得宇宙隘，岂无过人貌？多欲为患害！在约每思丰，居困常求泰；富求千乘车，贵求万钉带；未得求速赏，既得求勿坏，芳馨求椒兰，盘固方泰岱，求荣不知厌，志亢神愈忕。岁燠有时寒，日明有时晦；时来多善缘，运去生灾怪。诸神不可期，百殃纷来会。片言动招尤，举足便有碍。戚戚抱殷尤，精爽日凋瘵，矫首望八荒，乾坤一何大？安荣无遽欣，患难无遽憝。君看十人中，八九无倚赖，人穷多过我，我穷犹可耐。而况处夷涂，奚事生嗟忾？于世少人求，俯仰有余快。俟命堪终古，曾不愿乎外。

逸则夭，勤则有材而见用，逸则无能而见弃，勤则博济斯民而神祇钦仰，逸则无补于人而神鬼不歆^①，是以君子欲为人神所凭依，莫大于习劳也。

这四条可以算是他的修养要旨，简明切实，不但容易躬行，并且他还给人多少鼓励。人能照此四条做去，岂但是处事泰然，抑且身心爽快，无时不在精神饱满之中，用这饱满精神去做事业，还会有苟且偷惰的气象吗？他曾说："古之君子，修己治家，必能心安身强，而后有振兴之象。"他是每夜以此四条相课，每月终以此四条相稽，我们观此可知他的修养工夫，完全是脚踏实地，全不蹈空虚口头禅的毛病。

他又曾把一切身心修养，归纳到不忮^②不求上面去。盖《诗》云："不忮不求，何用不臧？"不忮不求，则一切行为，皆无过失，修养之事毕矣。他说："圣贤教人千言万语，而要以不忮不求为重。忮者嫉贤害能，妒功争宠，所谓怠者不能修，忌者畏人修之类也。求者贪利贪名，怀土怀惠，所谓未得患得，既得患失之类也。忮不常见，每发露于名业相伴，势位相埒^③之人，求不常见，每发露于货财相

---

① 歆，xīn，羡慕。
② 忮，zhì，嫉妒。
③ 埒，liè，同等；相等。

接，仕进相妨之际。将欲造福，先去忮心，所谓人能充无欲害人之心，而仁不可胜用也。将欲立品，先去求心，所谓人能充无穿窬之心而义不可胜用也。忮不去满怀皆是荆棘，求不去满腔日即卑污。"他把这两件事，说得如此透彻，真是暮鼓晨钟，发人深省。人能把这两件事常常在心里提撕猛省，自然修养之功，可以自进。

本章既说明了他的修养旨趣，至其修养方向与方法，大概可从两方面观察，一精神方面，二身体方面，以下分两章述之。

附录 曾氏《忮求》诗二首

善莫大于恕，德莫凶于妒；妒者妾妇行，琐琐奚比数？己拙忌人能，己塞忌人遇。己若无事功，忌人得成务；己若无党援，忌人得多助。势位苟相敌，畏逼又相恶。己无好闻望，忌人文名著；己无贤子孙，忌人后嗣裕。争名日夜奔，争利东西骛。但期一身荣，不惜他人污。闻灾或欣幸，闻祸或悦豫。问渠何以然，不自知其故。尔室神来格，高明鬼所顾，天道常好还，嫉人还自误。幽明丛诟忌，垂气相回互。重者灾汝躬，轻亦减汝祚。我今告后生，悚然大觉寤，终身让人道，曾不失寸步；终身祝人善，曾不损尺布，消除嫉妒心，普天零甘露。家家获吉祥，我亦无恐怖。

知足天地宽，贪得宇宙隘，岂无过人貌？多欲为患害！在约每思丰，居困常求泰；富求千乘车，贵求万钉带；未得求速赏，既得求勿坏，芳馨求椒兰，盘固方泰岱，求荣不知厌，志亢神愈忲。岁燠有时寒，日明有时晦；时来多善缘，运去生灾怪。诸神不可期，百殃纷来会。片言动招尤，举足便有碍。戚戚抱殷尤，精爽日凋瘵，矫首望八荒，乾坤一何大？安荣无遽欣，患难无遽慼。君看十人中，八九无倚赖，人穷多过我，我穷犹可耐。而况处夷涂，奚事生嗟忾？于世少人求，俯仰有余快。俟命堪终古，曾不愿乎外。

第四章
精神的修养

精神是人生的本源，人之所以为人者，形体是一个躯壳，必定要有精神，形体才能发生效用。一旦精神完了，形体不但是全无效用，并且也决不能支持，所以精神是形体之主，把这形体之主，养得好了，形体自然动静咸宜。淮南子曰："血气者人之华也，而五藏者人之精也，夫血气能专于五藏而不外越，则胃腹充而嗜欲省矣，胃腹充而嗜欲省，则耳目清，听视达矣；耳目清听视达，谓之明。五藏能属于心而无乖，则勃志胜而行不僻矣。勃志胜而行不僻，则精神盛而气不散矣；精神盛而气不散则理，理则均，均则通，通则神，神以视无不见，以听无不闻也，以为无不成也。是故忧患不能入也，而邪气不能袭。"(《精神训》)这一段说明精神是人生本源，至为透彻，所谓精神盛而气不散。拿一句肤浅的话来说，就是精神饱满而不外露的气象。有了这个气象，则视无不见，听无不闻，为无不成；没有这个气象，则不免于飞扬散漫，瞀乱^①荒遗，所谓视而不见，听而不闻，食而不知其味，就是因为精神不能贯注而已。故必先做到精神盛而气不散，然后才谈到学问事业，古今圣哲在这一点上用的工夫，确不在少数，所谓存心养性，养气存诚立大……都不过是要做这个内心的工夫罢了。

　　曾氏的学问事业，都有很惊人的成就。我们看他的日记，看他的家书，以及他与人相往还的书信中，处处见得他是毋怠毋荒，丝毫不苟。这全是因为他有过人的精神，才能如此，而也就是他学问事业成功的根源。在他日记中，曾说："精神要常令有余，于事则气充而心不散漫。"他生平很欢喜读《孟子·养气章》，我觉得他这几句话，就是得力于《养气章》中的境界。所谓于事则气充，正是不馁的情形；心不散漫，就是"必有事焉"，就是前面所说的精神饱满而不外露。因为他能精神饱满而不外露，故能勤恳奋勉，不求苟安。再看那些苟安怠惰的人，总是精神不足的缘故。精神之所以不足，一方面是养之不得其宜，一方面是用之不得其当。《淮南子》曰："耳

----

　　① 瞀，mào，瞀乱，昏乱，精神错乱。

淫于声色之乐，则五藏摇动而不定矣。五藏摇动而不定，则血气滔荡而不休矣。血气滔荡而不休，则精神骋于外而不守矣。"（《精神训》）这几句话正是说明精神不足的原因。——养之不得其宜，用之不得其当，都在其中了。现在我们要研究曾氏怎样养他的精神和怎样用他的精神，不可不先求他修养精神的一个线索。我觉得他对精神的本体说，是要常令有余，就精神的效用说，则求归之于仁。怎样把这两种联到一起以达到这个欲望，就要看养的方法与养的步骤了。

修养精神，全是内心的；故凡所谓治心之道，惩忿窒欲，静坐养心，平淡自守，改过迁善等，都属于精神的修养。在他学问中要占大部分的工夫，也是他生平学问事业的最得力处。所以在他全集中，尤其是家书与日记中，关于这类言论，载的特多，兹言其次第如下：

> 治心之道，先去其毒，阳恶曰忿，阴恶曰欲。治身之道，必防其患，刚恶曰暴，柔恶曰慢。治口之道，二者交惕：曰慎言语，曰节饮食。凡此数端，其药维何？礼以居敬，乐以导和。阳刚之恶，和以宜之；阴柔之恶，敬以持之；饮食之过，敬以检之；言语之过，和以敛之。敬极肃肃，和极雍雍，穆穆绵绵，斯为德容，容在于外，实根于内。动静交养，晬面盎背。

方今天下大乱，人怀苟且之心，出范围之外，无过而问焉者。吾辈当立准绳，自为守之，并约同志共守之，无使吾心之贼，破吾心之墙子。

　　人必虚中不着一物而后能真实无妄，盖实者不欺之谓也。人之所以欺人者，必心中别着一物，心中别有私心，不敢告人，而后造伪言以欺人；若心中了不着物又何必欺人哉？其所以欺人者，亦以心中别着私物也。所知在好德，而所私在好色；不能去好色之私，则不能不欺其好德之知矣。是故诚者不欺者也，不欺者心无私着也；无私着者至虚者也。是故天下之至诚，天下之至虚者也。当读书则读书，心无著于见客也；当见客则见客，心无著于读书也。一有著则私也。灵明无著，物来顺应，未来不迎，当时不杂，既过不恋，是之谓虚而已矣。是之谓诚而已矣。（以上各条见日记）

　　这几段可以代表他精神修养的总纲。此处所谓治身治口，似乎是属于形体；然而他系就礼以居敬，乐以导和方面立言，实根于内。他在消极方面，是要去其毒、防其患、慎言语、节饮食；但在积极方面，则有"敬"字与"和"字做律身的准则。他因为单讲一个"敬"字恐怕太拘谨了，太枯燥了，因而加上一个"和"字，生活上便可以加许多生趣，他曾说："吴竹如①言'敬'字最好，予谓须添一'和'字。则所谓'敬'者，方不是勉强矜持，即礼乐不可斯须去身之意。"这就可以证明一个"敬"字，不免于呆板，甚至流到伪君子一条路上去；有个"和"字就可以活泼和蔼，出于自然。他平生气象，很可以这两个字包之，并且有此积极的修养目标，则消极的防范，不至于落空。所谓无使吾心之贼，破吾心之墙子，心之贼就是忿欲一类的过失，心之墙子，就是积极方面的目标，也可以说就是此处所云之敬与和。更进一步，真实无妄，是心中墙子，作伪欺人，便是心中之贼。他所谓虚中不着一物，就是要把私心完全去掉，如太虚境界，然又不是完全着空，只是心中不要有私着，殆如孟子所谓"专心致志"，庄子所谓"用志不分，乃凝于神"。他指示我们的例子——当读书则读书，心无着于见客；当见客便见客，心无着于读书。这是再显明切实没有了。但是心如何能如此的受我们指挥，可以未来不迎，当时不杂，既过不恋呢？这便是靠我们修养工夫了，我尝以为养心之道，很像饲养禽兽，必定要先把它野性养驯服了，然后可向积极方面去指导它有意识的动作。野性完全驯服了，是此处所谓至虚；能做有意识的动作，是此处所谓至诚。

---

① 吴竹如，即吴延栋（1793~1873）字彦甫，号竹如，安徽霍山人。曾国藩友人。

以上所述治心之道，可算是他精神修养上的纲领；其细目如何呢？我以为可分三层来说：第一层是静坐，第二层是平淡，第三层是改过。兹依次述之。

静坐这层工夫，是儒道释三家共有的初步门径。儒者所谓定而后能静，静而后能安；道家所谓致虚极，守静笃，都是把静字看作学者最重要的工夫。至于佛家要求明心见性，更要先有静的境界，然后才能达到。我们平常的精神，总是飞扬散漫，在此飞扬散漫的精神上，要去谈学问，谈工夫，谈境界，谈心得，岂不等于南辕北辙？所以我觉得不管做哪门学问，没有一副静的精神，总不容易得到学问中的精蕴。现在所谓冷静的脑筋，仍是静的意味。必先具着冷静的脑筋，然后可以鉴别自己的长短得失，不然便难逃主观成见的遮蔽了；所以静的精神，竟是一切学问的入门基础。在未能达到静的境界之先，只有用静坐的方法来训练。我尝说：我们这种飞扬散漫的精神，犹如一盆泥浆水，要想拿这一盆泥浆水去照物，只有把这盆水摆在那里不动，慢慢待他把泥浆沉下去，上面便是清水，可以照物。静坐的工夫就是要把我们心中泥浆——私欲沉下去，渐渐提掉，使他清能照物，便是把飞扬散漫的精神，渐渐训练到静的境界了。曾氏养心之法，当然也不出乎此。他说：

"静"字全无工夫，欲心之凝定得乎？

树堂[1]来与言养心养体之法，渠言舍静坐更无下手处，能静坐而天下之能事毕矣。因教我焚香静坐之法，所言皆阅历语，静中真味，煞能领取。又言心与气，总拆不开，心微浮则气浮矣，气散则心亦散矣。

神明则如日之升，身体则如鼎之镇，此二语可守者也。推心到静极时，所谓未发之中，寂然不动之体，毕竟未体验出真境来。意者只是闭藏之极，逗出一点生意来，如冬至一阳初动时乎？贞之固也，乃所以为元也；蛰之坏也，乃所以为启也。谷之坚实也，乃所以为始播之种子也。然则不可以为种子者，不可谓之坚实之谷也。此中无满腔生意，若万物皆资始于我心者，不可谓之至静之境也。然则静极生阳，盖一点生物之仁心也。息息静极，仁心不息，其参天两地之至诚乎？颜子三月不违，亦可谓洗心退藏极静中之真乐者矣。我辈求静，欲异乎禅氏入定，冥然罔觉之旨，其必验之此心，有所谓一阳初动，万物资始者，庶可谓之静极，可谓之未发之中，寂然不动之体也。不然，

---

① 树堂，即冯树堂，又名冯卓怀，曾国藩友人，精通风水之说。

深闭固拒，心如死灰，自以为静，而生理或几乎息矣，况乎其并不能也。有或扰之，不且憧憧往来乎？深观道体，盖阴先于阳，信矣；然非实由体验得来，终掠影之谈也。（以上各条见日记）

上引三节都是说明"静"字的重要，与静坐的境界。他说："能静坐而天下之能事毕矣"，我们骤然看去，似乎把静坐这件事，看得太神通了；其实就是说人的精神，不能沉静下去，则心总是散漫的，气总是浮动的，对事理不会看得清楚，自己做事也不会着实。甚至自己身体都不能保养得宜。他曾说："若不静省，身也不密，见理也不明，都是浮的。总是要静，然后知养心养体，乃至于做一切学问，都是舍静坐更无下手处。至其所谓心到静时，未发之中，寂然不动之体。"一大段的意思，无非要发明儒者求静，欲异乎禅氏入定，冥然罔觉之旨，与道家形如槁木，心如死灰的境界。这一点我则以为曾氏犹未免前人门户之见，实则静坐之理，至宋儒而大明。宋儒之所以笃信此道，甚至以半日读书，半日静坐者，完全是得之于佛道二家，尽可他们嘴里喊着排斥二氏，但是暗地还是同他们往还很密，而学问方法——尤其是静坐方法，与学问见地，亦确实受佛道不少益处。然而他们偏要喊出吾儒之道，怎样广大精微，抹煞人家长处，这是宋儒的浅陋。以"静"字论，其本体上三家原没有什么不同，或者宋儒所得的境界，未能如释道之精深则有之，定要在这当中，找出不同之点，以求尊重儒者，不但浅陋，且更穿凿。曾氏此段之论，既未免于此，盖犹宋儒之遗病也。

静坐以外，他所期望精神上的，便是平淡的境界。平淡，我以为就是老子所谓淡泊寡欲。不能淡泊寡欲，外物便不免扰乱其心，心中就不平不淡，精神便要时时受累了。所以他说：

> 胸怀广大，宜从平淡二字用功，凡人我之际，须看得平；功名之际，须看得淡，庶几胸怀日阔。

> 余生平虽颇好看书，总不免好名好胜之见，参预其间；是以无《孟子》深造自得一章之味，无杜元凯[1]"优柔餍[2]饫"之趣，故到老而无一书可恃，无一事有成。今虽暮齿衰迈，当从"敬静纯淡"四字上痛加工夫；纵不如孟子、元凯之所以云，但养得胸中一种恬静书味，亦稍足自适矣。

> 偶作联语以自箴云："禽里还人，静由敬出；死中求活，淡极乐生。"一本《孟子·夜气章》之意，一本《论语·疏

---

① 杜元凯，即杜预，西晋时著名政治家、军事家、学者。

② 餍，yàn，吃饱，满足；饫，yù，饱。

水曲肱章》之意，以绝去梏亡①营扰之私。（以上各条见日记）

在这几段中，可以见得他所谓"平淡"二字的意义，与自己痛恨心胸未能平淡的情状。可知常人胸襟不能广大，全是物质之念太重，功名之念太重。更简单些，便是私欲营扰于心，使精神无安静的时期，自然更谈不到快乐。他所谓从敬静纯淡上痛加工夫，与所谓淡极乐生，都是要使心中平淡，不致有梏亡营扰之私，务使精神恬静寡欲，不受外物之累，庶几廓然大公，物来顺应，然后可以日既于光明之域。

存着这个意念，做修养的规范，修养才不落空，才不至拘泥于物而无所适从，自己时时可以检点自己的心境，果能平淡了么？便是进益；自觉尚未能平淡，则寻究其所以未平淡的原因：或者是好名好胜？或者是好色好货？寻得病根，然后就病根上痛下针砭，这便是所谓改过，实则仍是平淡修养的又一面——消极方面罢了。曾氏对改过很勇，他所以要立日记册子，日日不稍间断，为的就是要能收得改过之效。我们看他全书之中，其自怨自艾、自责自讼的地方多极了，他初号伯涵，廿一岁时，改曰涤生。他说涤者，取涤其旧染之污也；生者取袁了凡②之言，"从前种种譬如昨日死，以后种

① 梏，gù，梏亡，指因受束缚而致丧失。
② 袁了凡，即袁黄（1533~1606），字庆远，号了凡，浙江嘉兴人。明代重要思想家，《了凡四训》作者。

种譬如今日生"也。他又曰："吾家子弟，将欲自修而免于愆尤①，有二语焉：'曰无好快意之事，常存省过之心。'"于此可见他的改过精神了。凡他所作之铭联箴言，及全书中所常见之格言警句单字等，都为的是要借作提醒警惕的工具，即是借作改过的针砭，兹举其要者如下：

　　日来自治愈疏矣！绝无瑟僴②之意，何贵有此日课之册？看来只是好名：好作诗名心也，写此册而不日日改过，则此册直盗名之具也。亦既不克痛湔③旧习，何必写此册？

　　自立志自新以来，至今五十余日，未曾改得一过，此后直须彻底荡涤，一丝不放松，从前种种，譬如昨日死，以后种种，譬如今日生，务求息息静极，使此生意不息。

　　所以须日课册者，以时时省过，立即克去耳！今五日一记，则所谓省察者安在？所谓自新者安在？吾谁欺乎？真甘为小人而绝无羞恶之心者矣！

---

① 愆，qiān，愆尤，过失，罪过。
② 僴，xiàn，瑟僴，形容君子为事收放有体系。
③ 湔，jiàn，湔，洗。

今年忽忽已过两月，自新之志，日以不振，愈昏愈颓；以至不如禽兽。昨夜痛自猛省，以为自今日始，当斩然更新，不终小人之归；不谓云阶招与对弈，仍不克力却，日日如此，奈何！知己之过失，即自为承认之地，改去毫无吝惜之心，此最难之事。豪杰之所以为豪杰，圣贤之所以为圣贤，便是此等处磊落过人，能透过此一关，寸心便异常安乐，省得多少鞿鞾，省得多少遮掩装饰丑态。（以上各条见日记）

凡此都见得他是常存省过之心，他每日写日记时，就是自己与自己结账之时，凡这一日的言行动作，都要在此时期做一个反省，见善则迁，见过则改，这是他立日记册的用意，亦即是他立志自新之大目标。他有了这个目标，故在积极方面则随处立许多箴言，借以自警；在消极方面，则时时悔过，痛自猛省。在此种情形之下，假如没有积极目标，则不但易于着空，甚或流于诈伪。他有他的修养目标，故能日益进步。我们所要效法他的，便是一方要具有正大目标，一方要具有这种勇于自责的精神。平常人若有人骂他欺世盗名，甘为小人，以至不如禽兽，则必起而抗詈[①]，认为莫大之辱；然其行为，乃真有欺世盗名，甘为小人，以至不如禽兽之事实，则又

---

① 詈，zì，骂。

时自掩护，终至小人之归，此虽不欲承小人之名，而实具小人之实。曾氏勇于自责，谓不为圣贤，便为禽兽；其自待如此之严，故其改过毫无吝惜之心，而卒能磊落过人，达到其所期之目标者，其得力皆在于此。

以上所举三种——静坐、平淡、改过，是他修养精神的三项细目。在此三项细目之中，平淡二字又是一个中坚。静坐是为此中坚目标而用的工夫，改过是为此中坚目标而用的克省工夫；故此三者，名虽为三，实则一而已矣。一者何？就是要求有平淡的心境，以应世事罢了。我们可以说上述三项——静坐、平淡、改过，要算是他精神的本体，而施之于用，则他所谓强毅之气。他尝有两个口诀：一个是"悔"字诀，一个是"硬"字诀。他述朱子之言："'悔'字如春，万物蕴蓄初发，'吉'字如夏，万物盛茂已极，'吝'字如秋，万物始落，'凶'字如冬，万物枯凋。"又尝以"元"字配春，"亨"字配夏，"利"字配秋，"贞"字配冬。谓贞即"硬"字诀也。他说："际艰危之际，若能以'硬'字法冬藏之德，以'悔'字启春生之机，庶几可挽回一二乎？"我以为这两个口诀，实足以代表他的整个的修养工夫，与整个的立身为人的精神。静坐、平淡、改过，都是悔的工夫；强毅之气，便是硬的气象。此不但可以代表他的人生，且足以代表他的学问事业。他终其身谦谦自牧，便是悔的功效，以中等之资，而下学上达；以书生而削平大乱，是硬的功效。关于悔的工夫，除上述三项——静坐、平淡、改过以外，他与其弟书内，曾切实发挥一段，兹录如下：

兄自问近年得力惟有一"悔"诀，兄昔年自负本领甚大，可屈可伸，可行可藏，又每见得人家不是；自从丁巳戊午大悔大悟之后，乃知自己全无本领，凡事都见得人家有几分是处，故自戊午至今九载，与四十岁以前迥不相同，大约以能立能达为体，以不怨不尤为用。立者发奋自强，站得住也；达者办事圆融，行得通也。吾九年以来，痛戒无恒之弊，看书写字，从未间断，选将用兵，亦常留心，此皆自强能立工夫；奏疏公牍，再三斟酌，无一过当之语，自夸之词，此皆圆融能达工夫。至于怨天，本有所不敢，尤人则常不能免，亦皆随时强制而克去之，弟若欲自儆惕，似可学阿兄丁戊二年之悔，然后痛下针砭，必有大进。

这一段是他四十八岁时候的话，其得力处，则全在一个"悔"字，盖惟能大悔，然后可以大悟，能大悟然后能发奋自强。他尝说："吾生平长进，全在受挫辱时。"就可知他善用挫辱机会，以图悔悟，以图自强，所以他的强毅之气，确是高人一等。他说：

强毅之气，决不可无；然强毅与刚愎有别，古语云："自胜之谓强"，曰强制，曰强恕，曰强为善，皆自胜之义也。如不惯早起，而强之未明即起；不惯庄敬，而强之尸坐立斋；不惯劳苦，而强之与士卒同甘苦，强之勤劳不倦，是即强也。不惯有恒，而强之贞恒，即毅也。舍此而求，以客气胜人，是刚愎而已矣。二者相似，而其流相去霄壤，不可不察，不可不谨。（咸丰八年正月初四致沅浦弟）

凡国之强，必须多得贤臣；凡家之强，必须多出贤子弟；至一身之强，则不外乎北宫黝、孟施舍、曾子三种。孟子之集义而慊，即曾子之自反而缩也。惟曾、孟与孔子告仲由之强，略为可久可常。此外斗智斗力之强，则有因强而大兴，亦有因强而大败。古来如李斯、曹操、董卓、杨素，其智力皆横绝一世，而其祸败亦迥异寻常。近世如陆、何、萧、陈，皆予智自雄，而俱不保其终，故吾辈在自修处求强则可，在胜人处求强则不可。若专在胜人处求强，其能强到底与否，尚未可知。即使终身强横安稳，亦君子所不屑道也。（同治五年九月十二日致沅浦弟书）

然困心横虑，正是磨炼英雄，玉成于汝。李申夫[1]尝

---

[1] 李申夫（1814~1884），名榕，号六溶。四川剑州人。

谓余怄气不说出，一味忍耐，徐图自强，引谚曰："好汉打脱牙和血吞。"此二语是余生平咬牙立志之诀。余庚戌辛亥间，为京师权贵所唾骂，癸丑甲寅为长沙所唾骂，乙卯丙辰为江西所唾骂，以及岳州之败、靖港之败、湖口之败，盖打脱牙之时多矣，无一次不和血吞之。弟此次郭军之败，三县之失，亦颇有打脱门牙之象，来信每怪运气不好，便不似好汉声口，惟有一字不说，咬定牙根，徐图自强而已。

（同治五年十二月十八日致沅浦弟）

这几段很可以代表他的强毅精神，而他整个的人生价值，也在这里表现不少。他把强毅的界说，规定得很清楚，所谓强毅之气，说高远一点，就是孟子所谓至大至刚的浩然之气，说浅近一点，就是浩然之气的初步；所以他所谓强毅之气，是建筑在曾子之自反，孟子之集义，与孔子告仲由之强的意义上面。强毅之气，是以此为出发点，故完全求之在己，不在胜人处求自强，而在自修处求自强。换一句话说，就是不在胜人，而在自胜，能自胜者乃是真强。孔子所谓克己，即是自胜的意思；颜子不贰过，就是能自胜的榜样。不能自胜而求胜人者，则谓之颟顸，则谓之刚愎，而内心必满怀嫉妒与诈伪。照这样做去，充其量也不过做到曹操、董卓，试问对己对人，究竟有什么好处？他更明白告诉我们自胜的方法与门径，要从勉强入手。我在第二章中曾说勉强是他的重要学风之一，此处他以强制、强恕、强为善，做养成强毅之气的门径，正见得他学问工夫的一贯。平常人往往欢喜过苟且偷安的生活，所谓苟且偷安，就是不能自己勉强自己，如不惯早起便由着自己贪睡，不惯庄敬，便由着自己散漫，不惯劳苦，便由着自己安逸。……凡稍须用力者，均不自勉强，我们就可以断定这人必成废物；所以要想有所成就，不但要勉强自胜，并且要困心横虑，忍耐磨炼。——这种工夫的深浅与学业成就的大小，是成正比例的。

现在国内大穷小穷，莫不感受经济恐慌。青年求学，受经济压迫者，尤所在皆是，具有很好的资质，很大的求学决心，而为环境所逼，不能迈进，这自然是人生莫大苦楚；但是在无可奈何之中，这种穷的环境，亦未尝不可资以利用。我们看经济较裕的青年，往往嗜好浮华，与之俱裕，并不因经济较易，更努力于学业，据我的经验，倒是贫寒的青年，努力的精神愈好，而能有所成就者亦大半出于贫寒。由此类推，凡挫辱困苦都是磨炼人才之最好工具，就看能不能胜过罢了。你能胜过挫辱困苦而不为挫辱困苦所胜过，你便是好汉，你前途便多了一层造诣。如是一层一层积累多了，至最大挫辱困苦，常人所不能胜者，你也胜之裕如，你便成功一个大器。但是靠什么力量，可以抵抗挫辱困苦而致胜呢？便是曾氏所谓强毅之气。我们看他经过多少次的挫败，而能一字不说，咬定牙根，徐图自强，这是何等的强毅！何等的伟大！这种精神，我们应该时时取法于心，奉为圭臬①的！

综合他精神的修养，可以归纳成两点：一点是心境平淡——人我之际看得平，功名之际看得淡；一点是强毅之气。这两点造成他广阔的胸怀，伟大的气魄，因此吸引了举国上下各方面的人才。我们看他幕府的人员，无拘文士武将，凡稍具一技之长，可以效力国家者，都能得他的任用；而一般人员，也莫不倾心悦服，竭忠尽智的去干，就可知他的知人之明，与容人之度了。我觉得曾国藩所以胜过洪杨者，其根本原因在他这种精神！

---

① 臬，niè。

第五章

身体的修养

　　我国号称不讲究体育，其实并不尽然。古者射御畋①猎，与后世的拳术，都是锻炼身体的工具；不过科学不发达，未能按人体格、年龄制成适宜之动作，以普遍于民间耳。又有一部分学者，始终把身体看作精神的产物，认为精神是灵魂，身体是躯壳；精神是主，身体是客；精神是本，身体是末。把精神养得好了，身体自然而然地会强健起来，会享高年；精神养得不好，声色货利，功名富贵，得失爱憎之欲，日戕贼乎前，则身体纵极强壮，也受不了内心的如此摧残。他们看透了这一点，所以注重清心寡欲，居敬主静以养神、

————————————

　　① 畋，tián，古指种田或打猎。

养性、养生之主，意思都是要从根本着手。而自汉以来道教大兴，内丹外丹之说，呼吸吐纳之功，尤为养生家所乐道。于是凡言体育者，大都离不了精神的修练，可以说这种体育，是静的运动，是内功。一般人都说这种工夫有却病延年之效，延年虽未必，却病倒是事实。诚然，心身原有最密切的关系，善于忧郁的人，虽终日运动，恐犹不免于憔悴，心地宽畅的人，虽不十分运动，倒也生气勃然，这是精神影响于身体。然而掉转过来，身体亦恒影响于精神。身体羸弱的人，自然多愁多病；体格壮健的人，自然精神饱满，所以精神与体格，原是表里一贯，不可或忽的。曾氏修养工夫，即注意此两方面。前章所述为属于精神方面者，本章则属于体格方面者。惟身体修养，毕竟不能与精神修养，分而为二。所以他的养身要言，根源则完全属于精神方面，末节方法，始属于体格，而观效则又属于精神。兹录其《养生要言》如下：

一阳初动处，万物始生时，不藏怒焉，不宿怨焉。

——右仁所以养肝也。

内而整齐思虑，外而敬慎威仪。泰而不骄，威而不猛。

——右礼所以养心也。

饮食有节，起居有常。做事有恒，容止有定。

——右信所以养脾也。

扩然而大公，物来而顺应。裁之吾心而安，揆之天理
而顺。

——右义所以养肺也。

心欲其定，气欲其定，神欲其定，体欲其定。

——右智所以养肾也。

此处重要意义，只在五条正文，所言完全属于精神方面，然且
名曰《养身要言》，就可知他所认为养身之本，仍属之精神。至于拿
仁义礼智信去配肝肺心肾脾，则又是他受了旧说之累，而为此附会
之辞。阴阳家主张以五行之理，支配万事万物，所以有五色、五味、
五声、五方、五常、五藏之相配属。此处曾氏所定五项《养身要言》，
在《淮南子》中，亦尝如此分配，惟名目次序，往往不同，实则牵
强附会，并无道理，我们竟不必去注意它。然而曾氏所以不脱旧套，
犹以此为兢兢者，盖笃信肝肺心肾脾与仁义礼智信为表里一贯，要
五藏健康，须得五常之德，为之滋养灌溉，仍是以精神为体格之主
的意思。

平常人总是因为自己身体不大好了，然后才讲求养生之法，曾氏亦正如此。他的身体很羸弱，失眠、吐血、目疾、癣疥，闹个不休，这大概一半是先天不足，一半是过于劳苦、过于用功的结果。他自己说：

　　精神委顿之至，年未五十而早衰如此，盖以禀赋不厚，而又百忧摧撼，历年郁抑不无闷损。

　　余自三十时，即不能多说话，至数十句，便气不接续，神尤困倦，今已三十余年，故态不改。

　　细思近日之所以衰颓，固由年老精力日衰之故，亦由围棋太多，读书太久，目光昏涩，精神因之愈困。

　　早起吐血数口，不能静养，遂以斫丧父母之遗体，一至于此！再不保养，是将限入大不孝矣。将尽之膏，岂可速之以风？萌蘖之木，岂可牧之以牛羊？苟失其养，无物不消，况我之气血素亏者乎？（以上各条俱见日记）

以上几段，都是他身体衰弱的明证。因此他对养生之法，时时留意，时时研究。遗留下来的，虽至今日，有许多还是价值不磨。

他曾说，养生家之法，莫大于"惩忿窒欲，少食多动"八字。这八个字要算他全部养生之纲领。在这个纲领之中，前四字可称为静的养生法，后四字可称为动的养生法。兹先说他静的一部分。他说：

今惟有日日静养，节嗜欲，窒思虑。

每日静坐时许，以资调摄。

因咳嗽，勉强静坐数息，果有效验，可停一二刻不咳。静坐良久，间以偃卧，直至灯时，觉咳痰微减矣。

黄静轩劝我静坐凝神，以目光内视丹田，因举四语要诀曰："但凝空心，不凝住心；但灭动心，不灭照心。"又称二语曰："未死先学死，有生即杀生。"有生，即妄念初生；杀生，谓立予铲除也。又谓此与《孟子》勿忘勿助之功相通。吾谓与朱子致中和一节之注亦相通。

午正，数息静坐，仿东坡《养生颂》之法，而心粗气浮，不特不能摄心，并使身不少动摇而不能。（以上各条均见日记）

"忿欲"二字，原来最足以摧残身体。他尝说："胸多抑郁，怨天尤人，不特不可以涉世，亦非所以养德；不特无以养德，亦非所以保身。"《淮南子》曰："人大怒破阴，大喜坠阳，大忧内崩，大怖生狂。"（《精神训》）自今日言之，"忿欲"二字最足以伤损神经，神经受伤而成疾病，就不是药石之力所能奏其效了。中国古代学者，很看重这一点，所以主张养生莫善于寡欲，诚以欲望无穷，一纵即不可制止，而结果未有不损伤性命者。平常我们精神妄用于"忿欲"二字上面者，盖不知凡几矣。不必忿怒者，辄忿怒了；不必思虑者，辄思虑了，以至精神萎靡，神志昏愦，身体羸弱多病，皆由这个惟一的原因。要救济这个病源，其根本办法则为静坐。前章已经说过静坐在修养上占重要的地位，无论养心、养体，都是舍静坐更无下手处。盖静坐对于邪念忿欲等，要算是一个正本清源的救济。所以凡言修养者，莫不重视静坐，至少可使神经休息，心志得所韵养，把我们这营营扰扰憧憧往来的精神，可使得到暂时安慰，是乃最好的调摄方法。前引黄静轩所说的那几句话，就是说静坐时不要生妄念，若生妄念，随时就把它铲除。但是靠什么东西去知道妄念？就是他所谓"照心"。当我们静坐的时候，总难免时起妄念，忽然自己感觉妄念在缠绕，这感觉便是照心。把妄念铲除去了，胸中空无所有，宛然无思无虑的境界，便是所谓"空心"。但是久染世尘，心气总不免粗浮，静坐时往往身体摇动，妄念横生（此中境界须亲自习验始能深知）。所以初生的时候，总得有点凭借，佛教的撞钟、数佛珠、读阿弥陀佛，泰半是为的制止杂念，进一步才讲到坐禅。

曾氏的静坐数息——数自己的鼻息，我以为也是静坐初步的办法。习之稍久，仍以"静坐凝神，目光内视丹田"为佳，此中效验确有却病养性之功，青年曷尝试之？他曾说："养生之道，'视息眠食'四字最为要紧。息必归海，视必垂帘，食必淡节，眠必虚恬。归海谓藏息于丹田气也；垂帘谓半视不全开，不苦用也；虚谓心虚而无营、腹虚而不滞也。仅此四字，虽无医药丹诀，而足以却病矣。"这几句可算他静的养生法之结论。至于动的养生法，有一部分是承继他的祖传，也有一部分是他自己研究出来的。兹引其要言如下：

> 起早亦养生之法，且系保家之道。从来起早之人，无不寿高者。吾近有二事效法祖父，一曰起早，二曰勤洗足，似于身体，大有裨益。（咸丰十年三月初四日致澄侯沅浦弟）

> 吾兄弟体气，皆不甚健，后辈子侄，尤多虚弱，须宜于平日讲求养生之法，不可于临时乱投药剂。养生之法，约有五事：一曰眠食有恒，二曰惩忿，三曰节欲，四曰每夜临睡洗脚，五曰每日两饭后，各行三千步。（日记）

吾见家中后辈，体皆虚弱，读书不甚长进，曾以养生六事勖儿辈：一曰饭后千步，一曰将睡洗脚，一曰胸无恼怒，一曰静坐有常时，一曰学射有常时。射足以习威仪、强筋力，子弟宜多习。一曰黎明吃白饭一碗，不沾点菜。——此间闻诸老人累试，毫无流弊，今亦望家中诸侄试行之。（同治十年十月廿三日致澄侯沅浦弟书）

这几段系散见于他的家书中，故颇有互相重复之处。归纳起来，除前面已述之静坐惩忿窒欲等外，约有下列数事：(1) 早起，(2) 眠食有定时，(3) 学射有定时，(4) 每饭后行三千步，(5) 临睡洗足。这几件事，即拿现在科学眼光去衡量，也不失为卫生要道。且此数事都不是消极养生法，习射与饭后散步都是锻炼身体、强健筋骨的积极动作，早起可以去故纳新；洗足可以舒畅血液；眠食有时，可以节制劳逸；惟所谓黎明吃白饭一碗，或系湘老如是云云，恐未必真能办到，即曾氏子孙，似亦未遵行。他更有一个主张，就是有病勿投药剂，这是他祖父星冈公的家法，不相信医药。原来中国有句成语，叫做"不药得中医"。意谓吃药固有时会吃好，也有时会把病吃得更坏了。医学未明，生命送在庸医之手者，当然不一而足，所以他只主张平时讲求养生之法，而极力反对医药，大概他家不用医药，至少有三四代，这是他的家风。

自今日视之，他所谓养生之法，都可算平淡无奇，然养生之道，在行之有恒，而不在言之高远。这几件事，他可算行之终身，未尝或辍，且其最大妙用，在利用闲暇时间，饭后散步，临睡洗足，都不费工夫，而能得到实益。我们对他所指示的数种，除习射一项，应改成拳术或他种柔软操法外，都未尝不可一一仿行。苟能持之以恒，再稍师其静坐惩忿之意，则养生之道，思过半矣。

如此行去，有什么功效呢？我们且慢说其高远，但拿曾氏自己做个标准，就可见其大概了。他身体是如彼的羸弱，然而因为养生之故，在戎马倥偬之间，劳苦数十年，治军治民，治家自治，事无巨细，他都运用心思。更于做事之外，做了许多学问，这已不是常人精力所能胜任，然而以他那种羸弱之躯，行数十年而不倦，就不能不令人惊叹他养生之道的功效了。即以其暮年而论，好像就未见他的衰老之象。他虽然只活六十二岁，但是他竟是无疾端坐而终，这是何等快乐的事？我以为第一就是他清心寡欲的功效，其次就是他日常身体修养的功效。所以他尝说：

> 身体虽弱，却不宜过于爱惜，精神愈用则愈出，阳气愈提则愈盛，每日作事愈多，则夜间临睡愈快活；若存一爱惜精神的意思，将前将却，奄奄无气，决难成事。

古人患难忧虞之际，正是德业长进之时。其功在于胸怀坦夷，其效在于身体健康。圣贤之所以为圣贤，佛家之所以成佛，所争皆在大难磨折之日，将此心放得实，养得灵，有活泼泼之胸襟，有坦荡荡之意境，则身体虽有外感，必不至于内伤。

书味深者，面自粹润；保养完者，神自充足。此不可伪为，必火候既到，乃有此验。（以上各条均见日记）

此处见到他锻炼身体，完全是积极的精神，对自己全无姑息宽纵的态度。平常所谓身体虚弱的人，恐怕就有很大部分是由于自己爱惜太过，保养太过，遇事总是不愿多用自己心力，正是所谓"将前将却，奄奄无气"，以为这是保养了，而不知如此下去，愈保养乃愈虚弱，神气必日沮丧。他所谓"精神愈用则愈出，阳气愈提则愈盛，每日作事愈多，则夜间睡觉愈快活"，这是他由经验得来的成绩，身体虚弱的人们最宜取法。

大抵平常器量浅窄的人，稍遇折磨，便会戕贼身心，忧郁怨尤，疾病乃乘虚而入，这是常人不健康的最大原因。如能胸怀坦夷，则患难忧虞之际，正德业长进之时，身体健康，尚是末事，稍有外感，又何足患？然此等境界，确非易致，圣贤仙佛，所争都只在这活泼泼的胸襟、坦荡荡的意境，而这种胸襟与意境，又不是可以勉强作为，必火候既到，乃有此验。他说："书味深者，面自粹润；保养完者，神自充足。"此可见学养既到，身体上自然而然的就有一种充满粹润的表现，不容做作，亦不容隐藏。说到这里，我们可以见得身体的修养与精神的修养原属一贯，二者互为表里，未可有所轩轾①于其间也。

---

① 轾，zhì，轩轾，车前高后低为轩，前低后高为轾，喻指高低轻重。

第三编 · 治事

第六章

治事的精神

　　曾氏生平学问，泰半是从事业上磨炼得来的；而事业之所以昭著，则又得力于其学问涵养，二者颇有相互为用之妙。在他的意思，学问不经事业的磨炼，终不能切于实际，事业不经学问的陶镕，则不学无术，终不能建诸久远。所以治事的精神，在他整个的学问中，占最大的地位。他生平事业，可分治家、治军、从政数端，以下将分章详述，本章先言其治事精神。他所以能在昏庸多忌的满洲政府之下，以一书生而能削平大乱，位极人臣，使一班亲贵虽欲中伤而无可语者，就因为他有这种治事的精神。他综揽东南军政大权，转战数千里，网罗各项人才，而各项人才无大小，莫不心诚悦服，欣然就范者，也是因为他有这种治事的精神。这种治事的精神，虽然时过境迁，但是其价值仍多不朽。

他治事精神中最重要的就是凡事立有确定规模^①，规模确定之后，便认定目标向前做去，方法虽变，而规模则始终不变。大概有了规模，不但可以督励他人，使努力前进，并且可以督励自己，使勿松懈。好逸恶劳，人之恒情，不有一个规模做限制，恐怕任何人都不容易始终不懈。现在各机关、各工厂，都规定做工时间及其他种种条例，便是所谓规模。故大至一个国家，小至一个自己，这规模都是决不可少。不过所谓规模，是不是合乎事实，假如不合乎事实，自己一方面徒是执意孤行，在别人则正人远去，邪曲阿从，如此不但不成为规模，并且要因之偾^②事了。曾氏的规模如何呢？他说：

> 凡天下庶事百技，皆先立定规模，后求精熟。即人之所以为圣人，亦系先立规模，后求精熟。即颜渊未达一间，亦只是欠熟耳！故曰：夫仁，亦在乎熟之而已矣。（日记）

---

① 规模，制度，程式。
② 偾，fèn，败坏，搞糟。

古之成大事者，规模远大与总理密微，二者缺一不可。弟之总理密微，精力较胜于我……至规模宜大，弟亦讲求及之；但讲阔大者，最易混入散漫一路，遇事颟顸，毫无修理，虽大亦悉足贵？等差不紊，行之可久，斯则器局宏大，无有流弊者耳。（咸丰七年十月初四致沅浦弟）

我辈办事，成败听之于天，毁誉听之于人，惟在己之规模气象，则我有可以自立者，亦曰：不随众人之喜惧为喜惧耳。（批牍）

寸心郁郁不自得，因思日内以金陵宁国危险之状，忧灼过度，又以江西诸事掣肘，闷损不堪，皆由平日于养气上欠工夫，故不能不动心。欲求养气，不外"自反而缩，行慊于心"两句。欲求行慊于心，不外"清"、"慎"、"勤"三字，因将此三字各缀数句为之疏解。"清"字曰：无贪无竞，省事清心，一介不苟，鬼伏神钦；"慎"字曰：战战兢兢，死而后已，行有不得，反求诸己；"勤"字曰：手眼俱到，心力交瘁，困知勉行，夜以继日。此十二语者，吾当守之终身，遇大忧患、大拂逆之时，庶几免于尤悔耳。（日记）

这几段中看得他主张凡百事务，都应先立定规模，把规模确定了之后，就一心一意地在这规模上求精熟，无论一切阻碍困难、成败毁誉，与夫众人之喜惧，都听其自然，不稍改变自己的规模。大概凡百事务的一种规模，就等于海船开驶的方向，办事主体的人，就是舵工，其他办事人员，应该在同一规模之下，共同努力，就等于船员与舵工同在一方向上把船向前开驶。在这种情形之下，虽然遇着风浪，遇着逆水，都不应该改变它原定的方向，这是办事的先决问题。他说"我有可以自立者"，就是指此。他是凡百事务都有一定规模，治家、治军、从政、修己……都在这种精神上努力前进。然而他的规模究竟是如何呢？总说一句，就是"自反而缩，求慊于心"。条分之则可以说在他自己方面，是拿"清"、"慎"、"勤"三个字做自励的规模；在办事方面，则立定远大与密微两个规模。远大就是凡事从大处着想，密微是凡事从细处着手，如是然后才可以不散漫、不颟顸、不至毫无条理，而可以行之久远。

然而这几句话，看起来似乎容易，行起来倒有些为难呢。因为凡事莫不有其阻碍与困难，毁誉与成败，假如意志不坚、心地不坦、器量不大，都不免要变成一纸空文，毫无实际，不然便要流弊百出，至于偾事。此中枢机，只在少数人的胸臆之间，而影响之巨，有时竟达乎四海之内，因此我们明白他拿"自反而缩，求慊于心"一语，做一切规模的规模，是有至理存焉。他自己是如此了，是不是因此即可以化及部属，化及全国呢？当然有时也靠不住。那么怎样去保全他这个规模，贯彻他这个精神呢？我觉得他有一个始终不变的常度，这个常度就是贯彻他一切规模的利器。这常度的内容，就我所观察，可分为三项：（1）诚拙的态度，（2）宏大的器量，（3）严密的考查。这三件事组成他的常度。他终其生未尝稍变，他的学风、他的办事规模、他的人生，都建筑在这个常度上。怎样是诚拙的态度呢？他说：

　　凡办一事，必有许多艰难波折，吾辈总以诚心求之，虚心处之。心诚则志专而气足，千磨百折而不改其常度，终有顺理成章之一日；心虚则不动客气[①]，不挟私见，终可为人共亮。（日记）

　　凡办公事，须视为己事，将来为国为民，亦宜处处视为一家一身之图，方能亲切。（日记）

　　君子之道，莫大乎以忠诚为天下倡。世之乱也上下终于亡等之欲，奸伪相吞，变诈相角，自图其安而予人以至危，畏难避害，曾不肯捐丝毫之力以拯天下，得忠诚者起而矫之，克己而爱人，去伪而崇拙，躬履诸艰而不责人以

---

　　① 客气，谓言行虚弱，并非出自真诚。

同患，浩然捐生，如远游之还乡，而无所顾悸，由是众人效其所为，亦皆以苟活为羞，以避事为耻。呜呼！吾乡数君子所以鼓舞群伦，历九州而戡大乱，非拙且诚者之效欤？亦岂始事时所及料哉？（《湘乡昭忠祠记》）

即此数语，已可见得他诚拙的态度。大概规模确立之后，他便诚心求之，虚心处之，无论千磨百折而不改其常度。他相信只要自己脚跟立得稳，终有顺理成章之一日，所以他虽历经靖港之败、湖口之败、南昌之困、祁门之困，但是他的常度不稍变，志气不稍屈，而终成一代中兴事业。他自信心是如此的诚笃，希望心是如此的远大，所以视公事如己事，视国事如家事。平常人所以易挟私见，易动客气，甚至稍稍得意，便趾高气扬；稍稍失意，便心灰意冷，流于颓废。我都以为是器量太浅，缺少自信心而时时希望取巧的缘故。我们看看曾氏这种诚拙的精神，应增长不少的自信心与勇气。曾氏所以能如此者，固然是赖有诚笃的自信心与远大的希望心，但是所以能如此者，却又因为他有过人的器量，始能容纳远大的希望，始能有一夫不获时予之辜[1]的胸怀。不然，智虑不离乎钟釜，慈爱不外乎妻子，则一旦妻子欢娱童仆饱，便心意满足，不顾其他。这种人要他有多大的抱负，

---

[1]　一夫不获时予之辜，出自《说命上》。

则根本这抱负即无所容载，这是器量的关系，所以孔子说："斗筲①之人，何足算也！"便是说器量褊狭的人，没有出息。所谓器量宏大，就是要能多所容纳，一方面要容纳自己最大的抱负，一方面还要容纳他人的臧否得失。我们看他所为《昭忠祠记》与他平时的言论主张，处处都见得是要以忠诚为天下倡，处处要以诚拙精神挽救天下颓风，简直守先待后，舍我其谁之概。在他日记中有这样一段：

> 古人办事掣肘之处，拂逆之端，世世有之，人人不免。恶其拂逆，而必欲其顺从，设法以诛锄异己者，权臣之行径也；听其拂逆而动心忍性，委曲求全，且以无敌国外患而亡为虑者，圣贤之用心也。吾正可借人之拂逆，以磨砺我之德性，其庶几乎？

这种器量，是何等伟大！非以圣贤自期者，其孰能之！他既已如此动心忍性，委曲求全了，而犹日夜自责，惟恐失于狭隘而不能容物，所以在他日记中又有这样一段：

> 五更醒，展转不能成寐，盖寸心为金陵宁国之贼忧悸者，十分之八，而因僚属不和顺、恩怨愤懑者，亦十之二三。实则大乱之时，余所遇之僚属，尚不十分傲慢无礼，

① 筲，shāo，一种口大底小的竹编容器。

而鄙怀忿恚若此，甚矣余之隘也！余天性褊急，痛自刻责惩治者有年，而有触即发，仍不可遏，殆将终身不改亦！愧悚何已！

这又是何等待人宽而责己严。拿这种精神去办事，还有不成功之理吗？常人办事，所以不能顺理成章，是因为未能真正精诚团结，而所以不能精诚团结，莫非恶人之拂逆己意，必欲使天下之人皆顺从我而后始快于心。于是凡不顺从我者，皆设法以诛锄之，其结果则使一世之人，皆鲜廉寡耻、阿附求容，正气日益消亡，社会日趋下流，而自己亦终不免于权臣之行。故凡担当天下大事者，必具有能容天下之量，则人之拂我、逆我者，皆可借为磨砺德行之工具，然自曾氏以后，就未多见了。

器量宽大，并不是松懈放任。随部属如何办理，则一切事务都要废弛了，尚何规模常度之可言？他的个性很严肃，又很精细，又不畏烦剧，事无大小，似乎都要经他的考察。他谓治事之法，以身到、心到、眼到、手到、口到为主。他说：

身到者，如作吏则亲验命盗案，亲查乡里，治军则亲巡营垒，亲冒矢石是也。心到者，凡事苦心剖析，大条理、小条理、始条理、终条理，先要擘得开，后要括得拢是也。

眼到者，着意看人，认真看公牍是也。手到者，于人之长短，事之关键，随笔写记，以备遗忘是也。口到者，于使人之事，警众之辞，既有公文，又不惮再三苦口丁宁是也。（见全书杂著二）

又曰：莅事之始，其察之也不嫌过多，其发之也不宜过骤，务求平心静气，考校精详，视委员之尤不职者，撤参一二员，将司役之尤无良者，痛惩一二辈。袁简斋①云："多其察，少其发。"仆更加一语云："酷其罚。"三者并至，自然人知儆惧，可望振兴。（日记）

此处最见到他治事精神的，就是所谓身到、心到、眼到、手到、口到，照这样做去，不但自己所经历的事不会有丝毫的差错，即属员亦无从松懈。这种精神可以说出乎他的天性，也可以说这是维持他办事规模的主要因素。所以这种严肃的治事精神，它是无时不在。他常说："多赦不可以治民，溺爱不可以治家，宽纵不可以治军。"然而他虽是如此的严肃，却完全是以事为主，只求事能办得好，不是要以苛刻待人。所以察之虽不嫌过多，发之则不宜过骤，务使事体办好，而人心咸服，非至万不得已，不轻言罚，然苟一罚，则

①　袁简斋，即袁枚，诗人、散文家、美食家。

又不妨其酷，盖欲儆一以惩百也。他所谓务求"平心静气，考校精详"，这是完全以宽厚之心行严肃之政，惟恐自己稍有意气，稍有粗心，以致考察失实，而误正事。谨慎如此，诚拙如此，人又焉有不服，焉有不感发兴起，戮力从公之理呢？此处我们见得他为常人所不能及者有两件事：一是不怕烦剧，一是不存意气。不怕烦剧，故能遇事周密，不至稍有弛懈；不存意气，故能一秉至公，而无所恩怨。常人既怕烦剧，故凡事皆多草草，及稍稍溃败，又复轻动意气，于是赏罚恩怨，皆不能出于大公，事业之败，胥由于此。我们看曾氏办事的精神，先立定了规模，次守之以常度——诚拙的态度、宽宏的器量、严肃的考察，而又继之以始终不懈的精神，故对事的本身上，是得到知人晓事、履险如夷的功效，并且于治事之外，得到作育英才的佳果。何谓知人晓事呢？他说：

> 居高位以知人晓事二者为职，知人诚不易学，晓事则可以阅历黾勉①得之。晓事则无论同己异己，均可徐徐开悟，以冀和衷。不晓事则挟私固谬，秉公亦谬；小人固谬，君子亦谬；乡愿固谬，狂狷亦谬，重以不知人，则终古相背而驰，决非和协之故。故恒言皆以分别君子小人为要，而鄙论则谓天下无一成不变之君子，亦无一成不变之小人。

---

① 黾，min，黾勉，努力，勉力。

今日能知人晓事，则为君子，明日不知人不晓事，则为小人。寅刻公正光明，则为君子，卯刻伪私晻曖，则为小人。故群毁群誉之所在，下走常穆然深念，不能附和。（书札）

大抵莅事以"明"字为第一要义，明有二：曰高明，曰精明。同一境，而登山者独见其远，乘城①者独见其旷，此高明之说也。同一物，而臆度者不如权衡之审，目巧者不如尺度之精，此精明之说也。凡高明者欲降心抑志，以遽趋于平实，颇不易易，若能事事求精，轻重长短，一丝不差，则渐实矣，能实则渐平矣。（批牍）

此处见得知人晓事之重要。他说，知人诚不易学，而晓事则可以黾勉得之。大概所谓晓事者，就是明晓事理之所以然，与事理之所当然。这件事虽然亦非易易，但是历事既久，经验渐增，即是晓事的途径。至于知人，则非自己的学问、涵养、识见、才能，都有以超过对方的人，则不足以知之，所以这件事不是容易学来的。综这两件事可以归纳成一个"识"字。他曾说："凡办大事以识为主，以才为辅。"我以为知人晓事就是"识"的注脚，办事尤其是办大事的人，假如没有知人晓事之识，则人之短长，事之是非，都冥然不

---

① 乘城，登城，语自《国语·晋语一》。

明于心，处理自是无一是处，纵一秉至公，然事理不明，鲜不失当，将终不免于谬误。他所谓莅事以"明"字为第一要义，明也就是识。他的识见能远大，能深察，便是所谓高明与精明。以高明、精明的眼光，去知人晓事，自然人无不知，事无不晓，而每事都可归于平稳踏实的地位。这两件事——知人、晓事，可算是曾氏生平的特长，而尤其是知人一项，他简直是神乎其技。许多人被他一见之下，可以察识终身，见其仪表，可以察其内心，更是无从隐秘，不知者以为他是精于相术，实则是他学问、涵养、才识、阅历，有过人处，故一入眼帘，即能知其为何如人。他生平得力于此者至夥^①，兹录薛福成一段如下：

> 曾国藩知人之鉴，超轶古今。或邂逅于风尘之中，一见以为伟器；或物色于行迹之表，确然许为异才。平日持议，常谓天下至大，事变至赜，决非一手一足之所能维持，故其振拔幽滞，宏奖人才，尤属不遗余力。尝闻江忠源未达时，以公车入都谒见，款语移时，曾国藩目送之曰："此人必立名天下，然当以节烈称。"后乃专疏保荐，以应求贤之诏。胡林翼以枭司统兵隶曾国藩部下，即奏称才胜己十倍，二人皆不次擢用，卓著忠勤。曾国藩经营军事，卒赖

---

① 夥，huǒ，多。

其助，其在籍办团之始，若塔齐布、罗泽南、李续宾、李续宜、王珍、杨岳斌、彭玉麟，或聘自诸生，或拔自陇亩，或拔自营伍，均以至诚相与，俾获各尽所长，内而幕僚，外而台局，均极一时之选。其余部下将士，或立功既久而浸至大显，或以血战成名。临敌死绥者，尤未易以悉数。最后遣刘松山一军入关，曾国藩拔之列将之中，谓可独当一面，卒能扬威秦陇，功勋卓然。

这一段是薛氏身历其事，记述最为亲切。写他知人之明，可谓透澈无遗。吾人读薛氏叙《曾文正公幕府宾僚》一文，更知他对各项人才，兼收并蓄，而处理得当，使人人得尽所长，莫不死心塌地，竭尽忠忱。固然是他伟大的人格感化力之深，然亦由其英明卓识，超乎常人，使才大者不得不心悦诚服，才小者不敢不死心塌地。曾氏更能量其才器而任以适当之事，此为曾氏治事精神上最得力之点。我们骤然看去，总觉得他这知人之明，未免太神奇了，究竟他有什么神通呢？他用什么方法去看人呢？现在还是拿他自己的言论来证明，庶乎比较的切实。他说：

观人之法，须有操守而无官气，多条理而少大言为主……尤以习劳为办事之本，引用一班能耐劳苦之正人，日久自有大效。（咸丰十年七月初八日致沅季弟）

观人之道，以朴实廉介为质，有其质而傅以他长，斯为可贵，无其质，而长处亦不足恃。甘受和，白受采，古人所谓无本不立，义或在此。（日记）

凡人才高下，视其志趣：卑者，安流俗庸陋之规，而日趋污下；高者，慕往哲隆盛之轨，而日即高明。贤否智愚，所由区矣。

大抵人才约有两种：高明者好顾体面，耻居人后，奖之以忠则勉而为忠，许之以廉则勉而为廉，若是当使薪水稍优，夸许稍过，冀有一二人才出乎其间，不妨略示假借。卑琐者本无远志，但计锱铢，驭之以严则生惮，防之以宽则日肆，若是者当俾得循循于规矩之中。（日记）

此处所云观人之法，自然不能代表他观人的全体，但是至少可以借此而知其大概了。在他言论之中，我们可以知得他的观人标准只有两事：一曰操守，二曰志趣。操守是一个人的骨子，所谓为人之本，以朴实廉介为主。志趣是一个人格局器量的表现，志趣不远者，纵有操守，亦不过成为硁硁自守之士。有了朴实廉介的操守，又有高远的志趣，再能习苦耐劳，有条理而少大言，自然是上等的人才；其次则志趣高明，而稍欠切实，顾体面而耻居人后，此种人则全恃用之者如何调度，使之心满意足，勉为其大，亦往往能于此等人中获得英才。若遗弃之，或委屈之，则将自伤郁抑，终于不能自振。所以他主张对这等人，应该略示假借，使自奋发。

　　最坏的是根本无所谓操守，于是乎投机取巧，无所不为，而志趣亦决不会高远，总是安于流俗庸陋之规，而日趋污下，但计锱铢而已。这等人只好请他做机械工作，使循循于规矩之中。故人才以操守为最重要，操守是有颠扑不破的认识，有坚忍不拔的精神，有学养，有抱负，合则留，不合则去，不为威逼，不为利疚。乱世之士，有此操守者，最为难得；然真正人才，又必取于此等人中，始能靠住。他用这种观人之法，又济之以他自己的学养经历，所以才力大小、贤否智愚，都逃不了他的观察。凡有一长，均可得用，但是天下那里有许多人才，为他察识举用？到人才不足的时候，又将如何呢？他也很顾虑到这一点，所以他一面自负提擢人才之责，一面又自负作育人才之责。他当时所用的一班人才，何尝全是已成之才？恐怕大多数还是由他作育成功的呢！薛福成曰：

　　　　曾国藩谓人才以培养而出，器识以磨练而成，故其取人，凡于兵事、饷事、吏事、文事，有一长者，无不优加奖借，量才录用。将吏来谒，无不立时接见，殷勤训诲。或有难办之事，难言之隐，鲜不博访周咨，代为筹画，别

后驰书告诫，有师弟督课之风，有父兄期望之意。非常之
士，与自好之徒，皆乐为之用。虽桀傲贪诈若李世贤、陈
国瑞之流，苟有一节可用，必给以函牍，殷勤讽勉，奖其
长而指其过，劝令痛改前非，不肯遽尔弃绝，此又其怜才
之盛意，与造就之微权，相因而出者也。(《庸盦文集》)

他作育人才的殷勤诚恳，至于如此，他认定人才是可以由在上
者造就成功，而人才又至为难得，故不敢求备于一人，而凡有一节
可用者，即不肯遽尔弃绝。他尝说：

　　十室之邑，有好义之士，其智足以移十人者，必能拔
十人中之尤者而材之；其智足以移百人者，必能拔百人之
尤者而材之。然则转移习俗，而陶铸一世之人，非特处高
明之地者然也。凡一命以上，皆与有责焉者也。(《原才》)

由此可见他自负之大，望才之殷，而不敢丝毫忽略了。他又说：

　　天下无现成之人才，亦无生知之卓识，大抵由勉强磨
炼而出耳。

　　人才非困厄则不能激，非危心深虑则不能达，无盘根
错节则利器莫由显著。

求人之道，须如白圭之治生，如鹰隼之击物，不得不休。又如蛛之有母，雉之有媒，以类相求，以气相引，庶几得一而可及其余。

古圣人之道，莫大乎与人为善。以言诲人，是以善教人也，以德薰人，是以善养人也，与人为善之事也。然徒与人，则我之善有限，故又贵取诸人以为善，人有善则以益我，我有善则与以益人，连环相生，故善端无穷，彼此挹①注，故善源不竭。君相之道，莫大乎此；师儒之道，亦莫大乎此。仲尼之学无常师，即取人为善也；无行不与，即与人为善也，为之不厌，即取人为善也；诲人不倦，即与人为善也。念忝窃高位，剧寇方张，大难莫平，惟有就吾之所见，多教数人，因取人之所长，还攻吾短，或者鼓荡斯世之善机，因以挽回天地之生机乎？（以上各条均见日记）

这几段话，与薛福成的言论，正相印证。他作育人才之作用，在与人为善，取诸人以为善，此二事是循环相生，人我受益，而其机枢则在君相师儒。质言之，即是靠在上者的提携造就，则不患天下没有人才了。他尝说：

---

① 挹，yì，牵引，拉。

今之在势者，辄曰天下无才，彼自尸于高明之地，不克以己之所向，转移习俗，而陶铸一世之人，而翻谢曰“无才”，谓之不诬，可乎否也？（《原才》）

他觉得所谓无才，是我们自己没有去造，没有去求，若能以类相求，以气相引，则天下人才，自然联袂而至，善源不绝，这便要看在势者作育的精神如何了。平常所谓在势者，总是会说一句现成话，"天下无才"。实则自己不去作育人才，甚至戕贼天下之才，使一世之人，皆阿附求容，毫无操守，一旦偾事，则咎天下无才，真是"谓之不诬，可乎否也？"不知天下无现成之人才，亦无生知之卓识，大抵是由培养激砺而成，必须在势者求才之心，有"不得不休"之诚，然后人才始乐为之用。所谓鼓荡斯世之善机，挽回天地之生机，其消息固往往操于一二人之心机。而其主要条件，则在具有大公无我之精神，稍有私心者，即不能胜。私利固不可，私善亦不可。必真能与人为善，取诸人以为善，只在求善，不分人我，如是然后可以作育人才，亦始可以收用人才。苟有所私，则必欲使天下美名美事，尽出于己而后快。事实不能如此，则将害人之善，妒人之才，务使天下之才，尽出己下。于是人才愈绌，世风愈下，所谓在势者，亦无以自全。

当清之中叶，洪杨未起之时，国内情势，正是如此。满人窃居高位，妒害汉族人才，无所不用其极，其意欲使整个汉族才能，尽在满人之下。是以千方百计，妨闲妒害。至道光年间，天下人才，真个快销亡了，而清朝整个江山，亦无以自保。及洪杨变起，全体满人皆无办法，始有肃慎、文庆等力主重用汉人，因得扶此危局，然满廷宵小，犹自大大不平。故曾国藩初出山时，天下几乎奄无生气，由他作育提携，始获人才辈出，共挽危局之效。我们看他在道光三十年《应诏陈言疏》内所描写当时社会情况，最为透澈。

> 人才循循规矩准绳之中，无有敢才智自雄、锋芒自逞者。然有守者多，而有猷[①]有为者渐觉其少，大率以畏葸为慎，以柔靡为恭。京官之办事通病有二：曰退缩，曰琐屑；外官之办事通病有二：曰敷衍，曰颟顸[②]。退缩者同官互推，不肯任怨，动辄请旨，不肯任咎是也。琐屑者利析锱铢，不顾大体，察及秋毫，不见舆薪是也。敷衍者装头盖面，但计目前，剜肉补疮，不计明日是也。颟顸者外面完全，而中已溃烂，章奏粉饰，而语无实际是也。有此四者，习俗相沿，但求苟安无过，不求振作有为，将来一有艰巨，国家必有乏才之患。

---

① 猷，yóu，计划、谋划。

② 颟顸，mān hān。

这一段描写当时政象，最为透澈，稍有才智锋芒者，都已摧残殆尽。所能容者，尽是"以畏葸为慎，以柔靡为恭"之徒。质言之，就是一班奴才而已。所以他与彭丽生书，就痛恨道："无兵不足深忧，无饷不足痛哭。独举目斯世，求一攘利不先，赴义恐后，忠愤耿耿者，不可亟得。或仅得之，而又屈居卑下，往往抑郁不伸，以挫、以去、以死，而贪饕退缩者，果骧首而上腾、而富贵、而名誉、而老健不死，此其可为浩叹者也。"当然了，举国都是奴才，都是一人一姓的奴才，那里会产生出攘利不先赴义恐后之人呢？即有，亦绝无所容呀！在提倡奴才的时代，凡有才智锋芒者，至少都应该销声敛迹，不，简直是无生存之理吧？只有贪饕退缩者，可以骧首上腾，富贵名誉，老健不死。曾氏能见到当时社会病根在此一点，他便尽量在这一点上着力——提倡真正人才。我觉得这是曾氏有过人之识，所以能有他那种治事的精神，因而产生出当时的一辈人才，以辅助他事业的成功。

第七章

治家

　　前章所述曾氏治事的精神，为其可以代表他的整个人生，故言之不厌其详。他的治事精神，除开律己之外，第一步便要数到他的治家。他们兄弟五人：曾氏居长，次国潢字澄侯，次国华字温甫，次国荃字沅甫，季国葆字季洪，他这四个弟弟之中，国潢是留在家中专理家务的，国华、国荃、国葆都由曾氏教导成人，至于显达。后来国华是死庐州三河之难的，国葆佐国荃解安庆之围，将迫金陵积劳病死。国荃攻克金陵，收戡定之大功。他们办事精神都与乃兄相仿佛。家务虽由澄侯料理，但是我们看他的家书，关于治家之道，教子之方，处处都感觉可为世法。我们更感觉他在戎马倥偬之间，万难集于一身，而对家中琐屑，犹能如此周密仔细，一方面见得他精力过人，治事的精神无乎不在，一方面也见得他对先世家风，谦守勿失，惟恐以自己地位增高，家中子弟有所仗倚，而流于骄侈，致失家风，贻误子弟。所以他对治家一事，自己虽不能在家，却无时无刻不在心头，虽在极忙之时，家信总未尝或缺，且写来总是详详细细，无微不至。

曾氏先世有很严肃的家风，多半是他祖父星冈公所铸成；星冈公虽未显达，但是治家教子，皆有成规，国藩少时，颇受熏陶，终其身未忘祖父之遗教，而其治事规模，亦大抵与其祖父类似；故尝斤斤于其祖父已成之家风，而惟恐或失。他尝说："余于起居饮食，按时按刻，各有常度，一一皆法吾祖吾父之所为，庶几不坠家风。"然所谓家风，究竟如何呢？据《曾文正公大事纪》前面所载星冈公的一段言论，最可见得一般。星冈公之言曰：

> 吾少耽游惰，往还乡潭市肆，与裘马少年相逐，或日高酣寝，长老有讥以浮薄将覆其家者，余闻而立起自责，货马徒行，自是终身未明而起。余年三十五，始讲求农事，居枕高嵋山下，垅峻如梯，田小如瓦，吾凿石决壤，开十数畛，而通为一，然后耕夫易于从事。吾昕宵引水，听虫鸟鸣声，以知节候，观露上禾颠以为乐。种蔬半畦，晨而耘吾任之，夕而粪庸保任之。入而饮豕，出而养鱼，彼此

杂职之。凡菜茹手植而手撷者，其味弥甘，凡物亲历艰苦而得者，食之弥安也。吾宗自元明居衡阳之庙山，久无祠宇，吾谋之宗族诸老，建立祠堂，岁以十月致祭，自国初迁居湘乡，至吾曾祖元吉公基业始宏，吾又谋之宗族，别立祀典，岁以三月致祭。世人祀神徼福，求诸幽遐，吾以为神之陟降，莫亲于祖考，故独隆于生我一本之祀，而他祀姑阙焉。后世虽贫，礼不可隳，子孙虽愚，家祭不可简也。吾早岁失学，壮而引为深耻，既令子侄出就名师，又好宾接文士，候望音尘，常愿通材宿儒，接迹吾门，此心乃快。其次老成端士，敬礼不怠，其下泛应群伦。至于巫、医、僧徒、堪舆、星命之流，吾屏斥之，惟恐不远。旧姻穷乏，遇之惟恐不隆，识者观一门宾客之雅正疏数，而卜家之兴败，理无爽者。乡党戚好，吉则贺，丧则吊，有疾则问，人道之常也，吾必践焉，必躬焉，财不足以及物，吾以力助焉。邻里讼争，吾常居间以解两家之纷，其尤无状者，厉辞诘责，势若霆摧，而理如的破，悍夫往往神沮。或具尊酒通殷勤，一笑散去。君子居下则排一方之难，在上则息万物之嚣，其道一耳！津梁道途废坏不治者，孤嫠衰疾无告者，量吾力之所能，随时图之，不无小补；若必待富而后谋，则天下终无可成之事矣。

这一段言论，是曾氏家风的创轫，国藩本人的条理规模，及其治家教子，都一本之于此。他与纪泽的信中尝说道："昔吾祖星冈公最讲治家之法，第一要起早，第二要打扫洁净，第三诚修祭祀，第四善待亲族邻里，凡亲族邻里来家，无不恭敬款接，有急必周济之，有讼必排解之，有喜必庆贺之，有疾必问，有丧必吊。此四事之外，于读书种菜等事，尤为刻刻留心；故写家信，常常提及书、蔬、鱼、猪四端者，盖祖父相传之家法也。"同时又把星冈公治家之法，归纳成"八字"、"三不信"。八字者：早、扫、考、宝、书、蔬、鱼、猪。他自己解释道：早者起早也，扫者扫屋也，考者祖先祭祀，敬奉显考王考曾祖考而妣可该也。宝者亲族乡里时时周旋，贺喜吊丧问疾济急，星冈公曰："人待人无价之宝也。"书、蔬、鱼、猪，即读书、种菜、蓄鱼、养猪也。三不信：就是不信地仙，不信医药，不信僧巫，此可以完全包括星冈公之家法了。

原来中国家庭制度，过于庞杂，治家一事，自古为难，一家之中，老幼贤愚不等，问题乃自此而生。若再拘泥于什么五世同堂、九世同居一些老调，这家庭的丑剧与惨剧，便要层出不穷了。故往往有才力很好，事业很好，而家庭无办法者，实屡见而不一见。曾氏所赖以维持者，大部分就在这固有的家风；因为既成了一种风气，而又由主人躬自力行，则一家之中，将认为天经地义，虽有不肖，不敢侵犯。至于五世同堂、九世同居等话，他虽未公然反对，但是事实上他们兄弟后来都是析居①的；因为这样才能洽乎人情，而保全恩爱。我们看他的家书，见他们兄弟感情的纯笃，处处足使今之有兄弟者，赞叹愧服。然其所以致此者，自然是他们兄弟之中——尤其是居长兄地位的国藩，能躬自勤俭，互相肫挚②，然亦因为先世已有醇厚家风，只须恪遵勿失，即可光其余绪，然而没有国藩这样光前裕后的承嗣精神，为诸弟先，为一家表，则星冈公之遗范，亦未可知也。兹述曾氏承嗣的规模。

　　大凡做官的人，往往厚于妻子，而薄于兄弟，私肥于一家而刻薄于亲戚族党。予自卅岁以来，即以做官发财为可耻，以宦囊积金遗子孙为可羞可恨；故私心立誓，总不靠做官发财以遗后人，神明鉴临，予不食言。此时事奉高堂，每年仅寄些须以为甘旨之佐，族戚中之穷者，亦即每年各分少许，以尽吾区区之意。盖即多寄家中，而堂上所食所衣，亦不能因而加丰；与其独肥一家，使戚族因怨我而并恨堂上，何如分润戚族，使戚族戴我堂上之德，而更加一番钦敬乎？将来若作外官，禄入较丰，自誓除廉俸之

① 析居，分家。
② 肫挚，zhūn zhì，真挚诚恳。

外，不取一钱。廉俸若日多，则周济亲戚族党者日广，断不蓄积银钱，为儿子衣食之需。……至于兄弟之际，吾亦惟爱之以德，不欲爱之以姑息，姑息之爱，使兄弟惰肢体，长骄气，将来丧德亏行，是即我率兄弟以不孝也，我不敢也。我仕宦十余年，现在京所有，惟书籍衣服二者。衣服则当差者必不可少，书籍则我生平嗜好在此，是以二物略多。将来我罢官归家，我夫妇所有之衣服，则与五兄弟拈阄均分。我所办之书籍则存贮利见斋中，兄弟及后辈皆不私取一本，除此二者，予断不别存一物，以为宦囊，一丝一粟，不以自私，此又我之素志也。（道光二十九年致四位弟）

这一段是他治家的大规模，对父母、对兄弟、对子女、对戚党，都无微不至；尤其是兄弟之间，爱之以德，而不爱之以姑息；对儿子则惟教以自立之道，而不蓄积银钱为其衣食之需。他曾说："儿子若贤，则不靠官囊，亦能自觅衣食，儿子若不肖，则多积一钱，渠将多造一孽，后来淫佚作恶，必且大玷家声。"因此他治家精神，最主严肃。他说："治家贵严，严父常多孝子，不严则子弟之习气，日就佚惰而流弊不可胜言矣。"他因为立誓不靠做官发财，以遗后人，所以他为官十余年，衣服书籍之外，一无他物，即此区区，犹拟罢官之后，与兄弟均分。有这种坦白胸怀，自然是无所处而不当。尤其是曾氏先代，并未显赫，他一朝尊贵，最易改易门楣，堕先人余绪，而流于骄泰，则子孙淫惰，家道乃自此衰。试看今之为官者，几何不是如此？所以在他的治家规模之下，有二大端：一是积极的训导，一是消极的防止。

关于消极方面者，归纳起来，盖不出于戒骄、戒奢。大概仕宦子弟，能免此者，确不甚易。孟子曰："居移气，养移体。"左右前后，趋承奉候者，既无微不至，则其势必至于骄奢，不知稼穑艰难。故仕宦子弟，犹能勤俭谦和，忘其权势者，真是绝无而仅有了。然而亦因此之故，仕宦子弟，贤能向上，也很难得；更因此之故，仕宦之家，能维持三代四代，不堕家声者，亦不多见。而其原因，则莫不由于在势之时，子弟骄奢淫佚之所致。所以他对这两件事，真是战战兢兢，不敢或忽。他尝谓："所贵乎世家者，不在多置良田美宅，亦不在多蓄书籍字画，在乎子孙能自树立，多读书，无骄矜习气。"因此他日记与家书中，记载戒骄奢之处，不一而足，兹录数段如下。

> 达官之子弟，听惯高议论，见惯大排场，往往轻慢师长，讥弹人短，所谓骄也。由骄而奢，而淫，而佚，以至于无恶不作，皆从骄字生出之弊。而子弟之骄，又多由于

父兄为达官者，得运乘时，幸致显宦，遂自忘其本领之低，学识之陋，自骄自满，以致子弟效其骄而不觉。（日记）

世家子弟，最易犯一奢字、傲字，不必锦衣玉食，而后谓之奢也；但使皮袍呢褂，俯拾即是，舆马仆从，习惯为常，此即日趋于奢矣。见乡人则嗤其朴陋，见雇工则颐指气使，此即日习于傲矣。（咸丰六年十一月初五日致纪泽）

子侄半耕半读，以守先人之旧，慎无存半点官气，不许坐轿，不许唤人取水添茶等事，其拾柴收粪等事，须一一为之，插田莳^①禾等事，亦时时学之，庶渐渐务本，而不习淫佚矣。（咸丰四年四月十四日致诸弟）

在这几段中，他把骄奢淫佚之害，完全归在一个"骄"字病根上；因为骄便会奢，便会淫，便会佚，便会无恶不作，而其总因，则又因父兄为达官时，自忘其本领之低，学识之陋，自骄自满，以致子弟效其骄而不觉。在他意思，子弟不能拾柴收粪，插田莳禾，便叫做骄；衣食俯拾即得，即叫做奢。所以他教子侄，须半耕半读，不准有半点官气，不准舆车马仆从，凡家中一切事务，均须子侄一一为之，以力戒骄奢怠惰之习。

————————

① 莳，shì，移植、栽种。

他除严肃教子侄，恪守家风之外，更注意到子侄的婚娶。在旧式家庭中，往往因为娶得一个不贤之妇，而败坏家风者；所以他对子女嫁娶，立一个原则，叫做"嫁女必富于我，娶妇必贫于我"。其用意就是要杜绝骄奢。女子嫁到富于我之家，则自己无从骄奢，娶一个贫于我之女子来家为妇，则亦无从骄奢，而可安其家风。他说："儿女联姻，但求勤俭孝友之家，不愿与官家结契联婚，不使子弟长奢惰之习。"当时常南陔①想把女儿嫁给他儿子做媳妇，他便始终不愿。他说："常家欲与我结婚，我所以不愿者，因闻常世兄最好恃父势作威福，衣服鲜明，仆从煊赫，恐其女子，有宦家骄奢习气，乱我家规，诱我子弟好佚耳。"因此他婚嫁子女，不许用多金。咸丰九年在江西军营时，有一段日记云："已刻派潘文质带长夫二人，送家信并银二百两，以一百为纪泽婚事之用，以一百为五、十侄女嫁事之用。"又崇德老人②年谱云："文正公手谕嫁女奁③资不得过二百金，欧阳太夫人造嫁四姊时，犹恪秉成法，忠襄公闻而异之曰：'乌有是事？'发箱奁而验之，果信。再三嗟叹，以为实难敷用，因更赠四百金。"以一个总督婚嫁子女，简单至于如此，诚不免令人惊异，然而

---

① 陔，gāi。常南陔，即常大淳（1792~1853），字兰陔，号南陔，清朝总督，著名将领，清末湖南四大藏书家之首。

② 崇德老人，曾纪芬。

③ 奁，lián，泛指嫁妆。

我觉得他是另有深意存焉。

大概宦家子弟之骄奢，是乃自然趋势，所谓听惯高议论，见惯大排场，凡所遇之环境，莫不足以长其骄奢气焰，自非其子弟有过人之质，或其父兄有特达之见，鲜有不为环境所囿者。相传某世家子弟，不知民间疾苦为何事。有人告诉他："某家没有饭吃。"他说："为什么不叫厨房开呢？"其人又告诉他："因为没有钱呀！"他说："为什么不到账房去拿呢？"他自己的环境是厨房开饭，账房拿钱，于是以为天下都可如此，尚安望其勤俭守家，怜恤戚党邻里之困苦呢？所以戒骄戒奢，简直是他治家教子的开宗明义第一章。必定要这种习气扫除净尽，然后才谈到积极的诱导。

关于积极方面的训导，可归纳成三点：其一是和睦，其二是勤俭，其三是要使家道悠久。兹分别言之如下：所谓和睦，就是要使一家之中，兄弟姒娌雍雍穆穆，然后子孙有法，家道乃昌。他说："和字能守得几分，未有不兴，不和未有不败者。"所以他给澄侯的信中，有这样一段：

> 《五种遗规》四弟须日日看之，句句学之，我所望于
> 四弟者，惟此而已。家中蒙祖父厚德余荫，我们得忝卿贰，
> 若使兄弟姒娌不和睦，后辈子女无法则，骄奢淫佚，立见

消败，虽贵为宰相，何足取哉？我家祖父父亲叔父三位大人，规矩极严，榜样极好，我辈踵而行之，极易为力。别家无好榜样者，亦须自立门户，自立规条，况我家祖父现样，岂可不遵行之，而忍令堕落之乎？现在我不在家，一切望四弟作主。兄弟不和，四弟之罪也；妯娌不和，四弟之罪也；后辈骄恣不法，四弟之罪也。……我家将来气运之兴衰，全恃乎四弟一人之身。（道光二十七年十月十八日致诸弟）

此处因为他们排行的关系，呼澄侯为四弟，澄侯始终未出来做事，料理家务的时期最长，故负家庭的责任亦最大。此处责望之重，即是期望之殷。他的大目的，自然是要造成一家之中雍容和蔼，而更大的愿望，还在使后辈子女有法则。诚然子女完全依照父母的榜样，形成他自己的性行，父亲在兄弟行中，是不和的，其子女亦往往互相怨怼；母亲在妯娌行中，是不和的，其女儿嫁到人家，还会闹出妯娌不和的戏剧。这虽然不是绝对的因果律，但是至少可以说是有极大的影响。为什么呢？就是因为朝夕熏陶，取法太易呀。调转过来，假如父母在兄弟妯娌中，是绝对的谦让为怀，子女自然亦熏陶成性，而无乖戾之气；而况他家已有先代遗风，规模极好，只须遵而行之，家风即可不败，所以他激励澄侯者，无所不至，就是惟恐兄弟妯娌之间，或因细故而伤感情，则一切治家之道，都无所施了。

其次他所训导于家庭的，就是勤俭。"勤"字原是他整个治学方法中的骨干。除了这个字，他的一切治学方法，都成空文；除了这个字，他的毕生事业，亦无由表现。因此他对子侄的训导，尤注意于此点。据崇德老人年谱云："同治二年，欧阳太夫人率儿女媳孙自家到安庆督署，……仅携村妪一人，月给工资八百文，适袁姊有小婢一人，适罗姊则并婢无之，房中粗事亦取办于母氏房中村妪，乃于安庆以十余缗①买一婢，为文正所知，大加申斥，遂以转赠仲嫂母家郭氏，文正驭家严肃守俭若此。嫂氏及诸姊等梳妆，不敢假手于婢媪也。"故在他的家书中，对于勤俭，总是反复叮咛。

> 嗣后诸男在家勤洒扫，出门莫坐轿，诸女学洗衣，学煮菜烧茶，……至于家中用度，断不可不分，凡吃药染布及在省在县托买货物，若不分明，则彼此以多为贵，以奢为尚，漫无节制，此败家之气象也。务要分别用度，力求节省。（咸丰八年十一月十二日致诸弟）

> 甲三、甲五等兄弟，总以习劳苦为第一要义，生当乱世，居家之道，不可有余，财多则为患害，又不可过于安

---

① 缗，mín，成串的铜钱，每串一千文。

逸偷惰。……仕宦之家，不蓄积银钱，使子弟自觉一无可恃，一日不勤则将有饥寒之患，则子弟渐渐勤劳，知谋所以自立矣。（咸丰五年八月二十七致诸弟）

新妇初来，宜教之入厨作羹，勤于纺绩，不宜因其为富贵子女，不事操作。大二三诸女，已能做大鞋否？三姑一嫂，年年做鞋一双寄余，各表孝敬之忱，各争针黹①之工，所织之布，做成衣袜寄余，余亦得察闺门以内之勤惰。（咸丰六年十月初二日致纪泽）

这几段见得他对家庭子侄的习勤习俭，可算无时或忘。以他这样地位，家中女子，还要洗衣煮饭纺绩针黹，男子除读书之外，还要耕种打杂。他说："子侄除读书之外，教之扫屋抹桌凳，收粪锄草，是极好之事，切不可以为有损架子，而不为也。"又崇德老人年谱云："同治七年，由湘东下，至江宁，入居新督署，文正公为余辈定功课单，（课单从略）云：吾家男子于看读写作四字缺一不可，妇女于衣食粗细四字缺一不可，吾已教训数年，总未做出一定规矩。自从每日立定功课，吾亲自验功，食事则每日验一次，衣事则三日验一次，纺者验线子，绩者验鹅蛋，细工则五日验一次，粗工则每月验一次，

----

① 黹，zhǐ，做针线，刺绣。

每月须做成男鞋一双,女鞋不验。又附注云:家勤则兴,人勤则健,能勤能俭,永不贫贱。"他家庭之风勤俭如此,以视今之官太太少爷小姐,我们便要为他子女叫冤了。但是观他所谓"生当乱世,居家之道,不可有余,财多则终为患害",则又不禁叹服其为子女之计深远,而不忍见其安逸偷情以致无以自立。孔子云:"爱之能勿劳乎?忠焉能勿诲乎?"曾氏盖深得孔子之义,是以家庭之间,一以严肃勤俭为主,皆有深意存焉。

还有一件,可算是他训导子弟最后目标,也可以说是他治家的当然结果,原可以不须他斤斤注意.然而他却不敢或忽;这个目标是什么呢?就是要求家道的悠久,就是要希望他的家庭气运,不要由他一世而斩。如何才能达到这个愿望呢?则须在势之时,善自惜福,而又有贤子孙者,庶乎这个愿望不难达到。他说:

> 吾细思凡天下官宦之家,多只一代享有便尽,其子孙始而骄佚,继而流荡,终而沟壑,而庆延一二代者鲜矣。商贾之家,勤俭者能延三四代,耕读之家,谨朴者能延五六代。孝友之家,则可延绵十代八代。我今赖祖宗之积累,少年早达,深恐其以一身享用殆尽,故教诸弟及儿辈,但愿其为耕读孝友之家,不愿其为仕宦之家。(道光二十九年四月十六日致诸弟)

居家四败：妇女奢淫者败，子弟骄怠者败，兄弟不和者败，侮师慢客者败。仕宦之家，不犯此者，庶有悠久气象。（日记）

平日最好以昔人"花未全开月未圆"七字为惜福之道，保泰之法。……星冈公昔年待人，无论贵贱老少，纯是一团和气，独对子孙诸侄，则严肃异常，遇佳时令节，尤为凛凛不可犯；盖亦具一种收啬之气，不使家中欢乐过度，流于放肆也。余于弟营保举银钱军械等事，每每稍示节制，亦犹本"花未全开月未圆"之义。（同治二年正月十八日致沅浦）

悠久气象，是他治家的最大愿望，而时时存现于心目中者，则为"花未全开月未圆"的现象。有了这个现象在心目中，更有一个求悠久的最后目标，自然不敢想偷安佚乐，富贵骄人，并且还要战战兢兢，以此为戒了。他有这样深远的眼光，去维持他那世代相传的严肃家风，故其子孙亦能如其所期，代有闻人，此不得不令人感念曾氏治家教子的精神了。

第八章 治军

历史上有一个久悬不决的问题，就是英雄造时势呢？还是时势造英雄？我是笃信时势造英雄的；理由是另一个问题，此处所要述的曾国藩治军，就是一个例证。他是一个纯粹的书生，哪懂得什么军事？他既没有学习过武备，更谈不到什么军事学校；然而他却能领兵数十万，转战数千里，削平纵横十六省，绵延十五年的洪杨大难，卒成一代中兴事业，把清朝的命运，延长了五六十年之久。固然他本人有许多长处，但是不遭时势的造就，至少可以决定他不会治军的。经了时势的磨炼，他便能建此不世之功，这便完全是时势之赐，便是时代造成的人物。非但曾公，古今贤豪莫不如此。

曾氏本人并不长于打仗，所以凡属他自己临阵的时候，多半是吃败仗；但是他所提擢[1]的将官，却都能攻城、野战，叠立大功，并且死心塌地受他指挥。抄句旧话来说，也可以说他是"不善将兵而善将将"。所以我们终久不能不佩服他治军的本领。然而自另一方面说来，他又实在是毫无本领，当他以侍郎资格在籍办团练的时候，不但举国上下未料到他有那样的收获，即他自己亦决未想到他能戡此大难，恐，旧更有很多人士，如满廷大臣，和当时一种腐化的官僚将士，都要对他们这一起书生表示白眼，或竟冷眼旁观，等着看他们笑话呢！我们在他批牍上曾看见这两段话：

　　贵襄办志趣坚卓，应趁劳乏艰难之时，咬定牙根，向前做去，熬过几次，众人自不敢轻量书生，不耐艰苦矣。（《批刘秉璋函》）

　　古来名将帅，亦多出于文弱书生，功之成与否，虽不敢预必，要之清洁自矢，则众不敢侮，严明驭下，则兵不敢玩，此则有志之士，可以勉力为之，立竿见影者也。圣贤豪杰，岂有种子？大半皆铢积寸累，渐作而渐近，渐似而渐成耳。（《批彭椿年呈》）

---

　　① 擢，zhuó，提拔。

在这两段里，见到他们初起时的整个情形。在旁观者总觉一般书生，那里能耐艰苦？因此便会时时加侮。曾氏这两段话，固然是勉励他的部属，也可以说是他自己时自警惕的衷曲。所谓咬定牙根，向前做去，熬过几次，……与所谓铢积寸累，渐作而渐近，渐似而渐成，就简直是他自己为学治事的精神所在。他们就是凭着这副精神，忍辱含垢，咬定牙根，与环境奋斗，卒雪书生不耐艰苦之耻，而成戡定大功。在他所谓熬过几次的"熬"字里面，就可推想他们当时作事的困难重重，与反对派的旁观讥讪了。这种情形并不是完全因他这两段话，或者这两段话中的几个字句去凭空推测的，我们只要略一考察当时的掌故，就可知道有清中叶将士的腐败，和他们事业上的荆棘。试看曾氏的书札奏议，和时贤的议论，均不难见到：

> 兵伍之情状，各省不同，漳泉悍卒，以千百械斗为常，黔蜀冗兵，以勾结盗贼为业，其他吸食鸦片，聚开赌场，各省皆然，大抵无事则游手恣睢，有事则雇无赖之人代充，见贼则望风崩溃，贼去则杀民以邀功，禀奏屡陈，谕旨屡饬，不能稍变锢习。（曾奏疏）

> 近世之兵屏怯极矣，而偏善妒功忌能，懦于御贼，而勇于扰民，仁心以媚杀己之贼，而很心以仇胜己之兵勇。其仇勇也，更胜于仇兵。近者兵丁杀害壮勇之案，层见迭

出，且无论其公相仇杀；即各勇与贼战殷殷之际，而各兵不一相救，此区区之勇，欲求其成功，其可得耶？不特勇也，即兵与兵相遇，岂有闻此营已败，彼营往救者乎？岂有闻此军饿死，而彼军肯分一粒往哺者乎？（曾书札《与王珍书》）

驱怯战之兵，日日浪战，以冀幸其一胜。军兴三年，无一人深入贼营，探其虚实，贼营动静，无能知者。亦未闻设一奇策引其入彀。……今粤西乃弃民以尝贼，以此图功，窃所未喻。其失一也。粤军兵将卧耽鸩毒，即无疾病，亦半委靡，选将不精，束伍不定，以此言战，何特不恐？以此言兵，虽多奚为？其失二也。（胡林翼《通饬修筑碉堡启》）

当咸道之际，民不知兵，强寇窃发岭外，其势猋^①忽震荡，是时楚军、淮军，风气未开，疆臣武臣，但依疲羸涣散佣丐充数之营兵，当彼黠悍方张之寇，譬若驱群羊咋馁虎，掇桥苇以燎于洪炉，至则靡耳。（薛福成《书陆建瀛失陷江宁事》）

---

① 猋，biāo，迅速。

这几段可以写尽清朝中叶将士的腐败骄惰,不但助敌造乱,不能作战,而且善于妒功忌能。国藩他们新兴的湘勇,当然在所必忌妒仇杀之列,观其所谓兵丁杀害壮勇之案,层见叠出,可为痛心。曾忆胡林翼尝谓"胜保(满将军)每战必败,每败必以胜闻"。又谓"胜保在蒋坝残败不复能军,山东人向呼此公为败保。盖其治军也,如郑公子突所谓胜不相让,败不相救,轻而不整,贪而无亲"。举这一个满将,可以代表全体的满将旗兵了。当太平军定都江宁,琦善、和春等所率领的江北大营与江南大营,算是清廷的主力军队,然皆次第为太平军歼灭净尽。当江南大营被歼灭的时候,江北大营早已败亡,一般人莫不为清军忧虑,独左宗棠闻之叹曰:"天意其有转机乎?"或问其故。曰:"江南大营,将蹇兵疲,岂足讨贼?得此一番洗荡,后来者始得措手。"果然,自江南大营洗荡之后,政府才死心塌地,信任曾国藩,一班满洲将吏,也才莫敢谁何,而时局也才有急转直下之势。然而曾国藩却能聚集一班书生,转移全国风气,我们倒不能不研究他治军的精神,到底是怎样一回事?

他虽然是一位书生,但是治起军来,到不一定是书生面目。他说:"读书之与用兵,判然两途",所以他那些训练土卒的方术,和临阵制胜的策略,骤然看去,倒不免令人惊异;不过归根结底,他那根本精神,则仍是一贯。他感觉当时军队,所以抵不住用,其根本原因，就在将骄士惰，他便看定这一个病根，痛下药石。凡他自己所练的新军，第一步便要使他生气勃发，勿有丝毫骄惰之气。他说：

> 军事有骄气惰气，皆败气也，孔子临事而惧，则绝骄之源，好谋而成，则绝惰之源，无时不谋，无事不谋，自无惰时矣。（日记）

> 治军之道，以勤字为先，……勤则胜，惰则败，惰者暮气也，常常提其朝气为要。（日记）

这可算是他治军的根本精神，常常提其朝气，就是一举一动，都要具有新兴气象，这个新兴气象的总名词，就是一个"勤"字。他尝说：

> 约束弁兵，以"勤"字为本，刻刻教督，是曰口勤；处处查察，是曰脚勤；事事体恤，是曰心勤。（批牍）

既如此时时以"勤"字为念，则所谓为善惟日不足的气象，自然无暇吸烟赌博淫佚扰民，凡此诸端，皆由了"骄惰"二字产生。平时如此骄惰，当然谈不到训练，更谈不到得民众的同情与援助。如此，一朝遇战，安得不望风崩溃？所以曾氏治军的秘诀，在积极方面，惟在一个"勤"字；在消极方面，则勿骄勿惰。他所谓去其暮气，提其朝气，这便是一个易知易行的下手工夫。至于具体的治军精神，归纳起来，有下列各点：（1）在主张上能使将士与敌派绝对不并立，即是要将士有彻底打倒敌派主张的敌忾精神。（2）要在生活上能使将士与敌派绝对不并存，即是要将士有彻底肃清敌派党徒的攻击的精神。（3）要在行动上能使将士与人民打成一片，即是要将士有纪律，不扰民，更进而能与人民合作杀贼。（4）要军队的长官与士兵，官长与官长，士兵与士兵，都有协同动作的精神，即是要军心不为敌派所动摇，作战不为敌派所各个击破（参阅陈著《胡曾左平乱要旨》第四章）。用这种精神去治军，军队的成绩如何呢？他有一个理想：

> 仆之愚见，以为今日将欲灭贼，必先诸将一心，万众一气，而后可以言战，而以今日营伍之习气，与今日调遣之成法，虽贤者不能使之一心一气，自非别树一帜，改弦更张，断不能办此贼也。鄙意欲练乡勇万人，概求吾党质直而晓军事之君子将之，以忠义之气为主，而辅之以训练之勤，以庶几于所谓诸将一心万众一气者，或可驰驱中原，渐望澄清。（《与王珍书》）

鄙意欲练勇万人，呼吸相顾，痛痒相关，赴火同行，蹈汤同往。胜则举杯酒以让功，败则出死力以相救。贼有誓不相弃之死党，吾官兵亦有誓不相弃之死党，庶可血战一二次，渐新吾民之耳目，而夺逆贼魂魄。自出省以来，日夜思维，目今之急，无逾于此。(《与文任吾书》)

近日官兵在乡，不无骚扰，而去岁潮勇有奸淫掳掠之事，民间倡为谣言，反谓兵勇不如贼匪之安静。国藩痛恨斯言，恐民心一去，不可挽回，誓欲练成一旅，秋毫无犯，以挽民心，而塞民口。每逢三八演操，集诸勇而教之，反复开说，至千百语，但令其无扰百姓，……盖欲感动一二，冀其不扰百姓，以雪兵勇不如贼匪之耻，而稍变武弁漫无纪律之态。(《与张亮基书》)

这是他所希望的理想成绩；但是这种理想，还能在不如贼匪之旧武弁身上得到吗？当然只好别树一帜，改弦更张，庶乎可以驰驱中原，渐望澄清。要想培养出这种成绩，其最大培养剂，则在以忠义之气为主。有了忠义之气，自然会一德一心，不扰百姓，而其下手工夫，又必将其暮气涤净，朝气提起，然后才谈到训练。

训练最重要之点，便要有身体力行，以身作则的精神模范。教人不怕死，自己就得先不怕死；教人不爱钱，自己就得先不爱钱；教人不扰民，自己就得先不扰民；教人胜则让功，败则相救，朴质勤劳，沉着忍耐，与夫一切精神，为将士所不可少者，俱得先由本身一一表现出来，然后再训练他部属将领，然后再训练兵勇土卒，如此自然可以焕然一新，驰驱中原。我们看他与各将领的书札批牍，教各将领应具的气度，句句都见得出于他的肺腑，即处处见得是他自己身体力行的模范。他尝对将士说：

> 营官果能勤以自励，廉以率下，自可作士气而服众心。……我教尔等，即如父兄之教子弟，字字皆我之心血，切莫忽略看过。（批牍）

大概凡做领袖，尤其是军事领袖，假如不能以身作则，欲望群下确守纪律，不但在这种情形之下，根本就无纪律可守，即有，也是病的死的，所谓徒法不能以自行，所以他的态度是：

> 带勇之人，……血性为主，廉明为用，三者缺一，若失輗軏①，终不能行一步也。

> 为将之道，谋勇不可以强几，廉明二字，则可学而几

---

① 輗軏，mào yuè，古代车辕与衡轭联结处插上的销子。

也。弁勇之于本官将领，他事尚不深求，惟银钱之洁否，保举之当否，则众目眈眈，以此相伺，众口啧啧，以此相讥；惟自处于廉，公私出入款项，使阖营共见共闻，清洁之行，已早有以服弁勇之心，而于小款小赏，又常常从宽，使在下者，恒得沾润膏泽，则惠足使人矣。明之一字，第一在临阵之际，看明某弁系冲锋陷阵，某弁系随后助势，某弁回合力堵，某弁见危先避，一一看明而又证之以平日办事之勤惰虚实，逐细考核，久之虽一勇一夫之长短贤否，皆有以识其大略，则渐几于明矣。得廉明二字为之基，则智信仁勇诸美德，可以积累而渐臻。(《批吴廷华禀》)

当营官统领者，有四个不字诀：不要钱、不怕死、不偷懒、不扰民。(批牍)

带勇之人第一要才堪治民，第二要不怕死，第三要不急急名利，第四要耐受辛苦……大抵有忠义血性者则四者相从以俱至，无忠义血性，则视似四者，终不可恃。

凡将才有四大端：一曰知人善任，二曰善觇敌情，三曰临阵胆识，四曰营务整齐。(咸丰七年十月廿七日与致沅浦弟)

他平时所与各镇将领的函牍，及与各将领面晤时所反复叮咛者，多不出此类议论。这是他感觉为将领者应具之气度，他觉得做大将所最不可少者，就是忠义的血性，而又处处能廉明。只要有了这个条件，则凡他所讲的四个不字诀，与四大端等，均不难相纵以俱至。且将领必得具有这副气度，然后才能感动士卒，才能起士卒之信仰，才能训练士卒，率领士卒，去与敌人作殊死战。兹述其训练士卒之方术。

关于他训练士卒的规条甚多，大率散见于其杂著、批牍、书札之中，对于营哨，对于兵士，对于他们起居生活，营房驻扎，出阵攻守，均有一定规章与告诫。兵勇不识字，则制成种种歌词，如《爱民歌》、《得胜歌》、《解散歌》、《保守平安歌》等，都是把军中最重要的规律，和军人最重要的天职，用浅显生动的文字，编成歌曲，使兵士一个个口诵心维，无形中印入脑筋。虽然未必能使一个个人对一句句都发生效力，但是当他扰乱百姓的时候，忽然想到《爱民歌》，心中总会有点恻然吧！再加上营官哨官，上下一致的用一贯精神去训练，就不难如所期望了。因此他把训练事体，看得很重，训练意义，亦说得至明。他说：

训有二：训打仗之法，训作人之道。训打仗则专尚严明，须令临阵之际，兵勇畏主将之法令，甚于畏贼之炮子。

训作人则全要肫诚如父母教子，有殷殷望其成立之意，庶
人人易于感动。练有二：练队伍，练技艺。练技艺，则欲
一人足御数人，练队伍则欲数百人如一人。(《批韩进春禀》)

这几句话可算是他训练士卒的总纲。其余散见于他全书中者，
更不一而足。兹录其劝诫营官四条，即可见其训练士卒的具体办法
之一般了。

一曰禁骚扰以安民　所恶乎贼匪者，以其淫掳焚杀
扰民害民也。所贵乎官兵者，以其救民安民也。若官兵
扰害百姓，则与贼匪无殊矣，故带兵之道，以禁止骚扰
为第一义。百姓最怕者惟强掳民夫，强占民房二事。掳
夫则行者辛苦，居者愁思；占房则器物毁坏，家口流离。
为营官先禁此二事，更于淫抢压买等事，一一禁止，则
造福无穷矣。

二曰戒烟赌以儆惰　战守乃极劳苦之事，全仗身体强
壮，精神充足，方能敬慎不败。洋烟赌博，二者既费银钱，
又耗精神，不能起早，不能守夜，断无不误军事之理。军
事最喜朝气，最忌暮气，惰则皆暮气也，洋烟瘾发之人，
涕泪交流，遍身瘫软，赌博劳夜之人，神魂颠倒，竟日痴迷，

全是一种暮气。久骄而不败者，容或有之；久惰即立见败亡矣。故欲保军士常新之气，必自戒烟赌始。

三曰勤训练以御寇　训有二端：一曰训营规，二曰训家规。练有二端：一曰练技艺，二曰练阵法。点名演操，巡更放哨，此将领教兵勇之营规也。禁嫖赌，戒游惰，慎语言，敬尊长，此父兄教子弟之家规也。为营官者，得待兵勇如子弟，使人人学好，个个成名，则众勇感之矣。练技艺者，刀矛能保身，能刺人，枪炮能命中，能及远。练阵法者，进则同进，站则同站，登山不乱，越水不杂，总不外一熟字；技艺极熟，则一人可敌数十人，阵法极熟，则千万人可使如一人。

四曰尚廉俭以服众　兵勇心目之中，专从银钱上着想。如营官于银钱不苟，则兵勇畏而且服；若银钱苟且，则兵勇心中不服，口中讥议，不特扣减口粮，缺额截旷，而后议之也。即营官好用亲戚本家，好应酬上司朋友，用营中之公钱，谋一身之私事，也算是虚糜饷钱，也难免兵勇讥议。欲服军心，先尚廉介；欲求廉介，必先崇俭朴。不妄花一钱，则一身廉，不私用一人，则一营廉，不独兵勇畏服，亦且鬼神钦服矣。

这几条可以代表他训练士卒之一般方术。生活、习惯、行军技艺，乃至立身为人之道，都详详细细殷勤告诫，而又加上他那知人善任之明，凡部属不遵照办理者，便有相当惩戒。以知人善用之明，加之以忠诚恻怛之教谕，再加之以公正廉明之赏罚，人非木石，焉有不抒诚向化之理？所以我觉得以他一介书生，起而治军，居然治得很好，就是全凭他那副诚拙忠义之气。《礼记》、《大学》有两句话："如保赤子，心诚求之，虽不中不远矣。"我于曾氏治军亦云。

他并不是纸上谈兵，并不是书生大言，空谈误国的谈兵。他是实际临阵，成败利钝在于当前，固非空谈理论者可比。我们翻开他的批牍，看他所教谕各将领行军用兵之道，与批评各将领所以致败之由，真是"虽古之名将，不能过也"。平时我们意想他那种立身为人的态度，恐怕定要感觉他用兵总不免呆板，甚至会受敌人诱骗，孰知事乃有大谬不然者。他的临阵制胜之策略，简直是静如处女，动如脱兔，神龙变化，不可方物。当张运兰失陷牛角岭的时候，他就说：

> 兵法最忌"形见势绌"四字，常宜隐隐约约，虚虚实实，使贼不能尽窥我之底蕴；若人数单薄，尤宜知此诀，若常扎一处，人力太单，日久则形见矣。我之形既尽被贼党觑破，则势绌矣，此大忌也。必须变动不测，时进时退，时虚时实，时示怯弱，时示强壮，有神龙矫变之状，老湘

营昔日之妙处，全在乎此。此次以三百人扎牛角岭，已是太呆，正蹈形见势绌之弊，除夕曾函止之，十一日五旅失陷后，再以第三旗扎此，则更呆矣。……

大概军旅之事，宜多实际而少理论，此处所谓形见势绌，为兵家大忌，实为一切战术之总纲。我们归纳他临阵制敌的策略，要不出奇之制正，静以制动。即此二端，运用灵活起来，便有神龙矫变之妙，兹析言之。

怎样是奇以制正？就是临阵制敌而不以常法，所谓出奇制胜，在兵家为最可贵之策略，而亦最危险之动作。因为他要以少胜多，以逸胜劳；胜固足以摧敌，败亦足以为敌所扑，故非老谋深算，有多数把握时，不宜轻用；然苟以制胜，则又利市百倍也。他说平日非至稳之兵必不可轻用险着；平日非至正之道，必不可轻用奇谋；然则稳也正也，人事之力行于平日者也。险也奇也，天机之凑迫于临时者也。此可见出奇固足以制胜，然非天机凑合，至稳之兵，至正之道，必不可以轻用。且须深明奇正之义，熟审奇正之形，然后才可运用。他解释奇正之义，和运用奇兵之法，都很明晰。

中间排队迎敌为正兵，右左两边抄出为奇兵，屯宿重兵坚扎老营与贼相持者为正兵，分出游兵，飘忽无常，伺

隙狙击者为奇兵，意有专向，吾所恃以御寇者为正兵，多
张疑阵，示人以不可测者为奇兵，旌旗鲜明，使敌不敢犯
者为正兵，羸马疲卒，偃旗息鼓，本强而故示以弱者为奇
兵，建旗鸣鼓，屹然不轻动者为正兵，佯退设伏，而诱敌
者为奇兵。忽主忽客，忽正忽奇，变动无定时，转移无定势，
能一一区而别之，则于用兵之道，思过半矣。（日记）

　　老营处孤危之地，则小队出奇之师，贵少不贵多，贵
变不贵常，古人谓之狙击，明人谓之雕剿，设小队稍有疏
失，而老营仍一尘不惊，斯为尽善。老营则安如泰山，小
队则动如脱兔。（《批张运兰牍》）

　　此处关于奇正之义，解释至为明了，即运用之机，亦略示端
倪；因为此系兵法奇谋，至为危险，须临阵相机行事，非可纸上空
谈。总之奇兵只可以作一个别动队，飘忽无常，为诱敌之计。譬如
赌博，欲以少数赢得多数，是即兵家运用奇兵之义。故非看定有可
赢之机，不轻投注。于正当营业，则兵家正兵之义，故不可不坚稳
鲜明。这是在他全书之中，屡屡叮咛我们的，就是叫我们要深明奇
正之义，而不可轻用奇兵。他的重要战略，还在静以制动，即是以
主制客，奇兵是不轻用，更不常用。不过将领们不可不明奇正之义
罢了。因为他们的敌人太平军，不是正规的军队，部卒多由随地裹

胁而来，聚集甚众，既无训练（按长毛所以到处焚杀此为主因），当然不利于正面冲突；然而内中将官如陈玉成、李秀成、石达开辈，确是一时名将，故不得已而惯用奇兵，不打硬仗，专伺官军之隙，而不使官军明其情形。是以有时行踪非常猋忽，使官军疲于奔命，有时坚守城垒，使官军难于攻击，有时突围而出，使官军防不胜防。因此不能不对准这种敌情，而讲求特殊的战略与战术。敌人是惯用奇兵的，假如官兵也惯用奇兵，老实说官兵是打不过他们那为目的不择手段的流寇；所以曾氏的主张，是以有定之兵，制无定之寇。然而对敌人伎俩，却又不可不知，因此我们可以说他这种临阵制敌的策略，是重在"静以制动，节节进击"。静以制动，就是要能反客为主，不轻战，不浪战，不随敌人四处追击，设法使敌人不得不来接战，而我沉着镇定以应之。节节进击，就是在攻势之中，有防御的准备，不使为敌人的奇兵所暗算。这样的战略，似乎是太稳健了，但是他们攻击的精神，还是很厉害，譬如在鄂、皖之间，与陈玉成的剧战，在皖、赣之间，与李秀成的剧战，都是异常猛烈；更如罗泽南、李续宾、多隆阿、鲍超、江忠源辈，都是极勇猛的名将，后来曾氏因为江、罗、李诸将因猛攻身死，甚至惨败，故戒各将领，宜审察敌情，相机战守。

先安排以待敌之求战，然后起而应之，乃必胜之道；

盖敌求战，而我以静制动，以逸待劳，以整遇散，必胜之道也。此意不可拘执，未必全无可采。

凡出队有宜速者，有宜迟者。宜速者我去寻贼，先发制人者也，宜迟者贼来寻我，以主待客者也。主气常静，客气常动，客气先盛而后衰，主气先微而后壮。故善用兵者，最喜为主，不喜作客。休祁黟诸军，但知先发制人一层，不知以主待客一层，加之探报不确，地势不审，贼情不明，徒能先发不能制人，鄙人深以为虑，请阁下于诸公讲明此两层，或我寻贼，先发制人，或贼寻我，以主待客，总须审定乃行，切不可于两层一无所见，贸然而出。(书札)

攻城最忌蛮攻。兵法曰："将不胜其忿而蚁附之，杀士卒三分之一，而城不拔者，此攻之罪也。"(批牍)

贼若来扑渔亭，我官军切不可出队太早，须待各路之贼到齐，看明何路贼多，何路贼少，何路贼强，何路贼弱，何路为贼之正兵，何路为贼之伏兵，一一看清，待营中饱吃中饭后，申酉之间，天色将晚，贼久立气疲，头目欲战，众贼欲归，然后出队击之，必可获胜，胜后不必远追，追五六里，整队还营可也。若贼来太多，则坚守不出。(批牍)

此处可算是他的中心战略，全重以主制客，决不轻举妄动；所以他尝叮咛将士，"必须谋定后战，切不可蛮攻蛮打，徒伤士卒"。又谓："不轻敌而慎思，不怯战而稳打。"处处以逸待劳，以静制动，即至自己陷至客的地位，亦必须设法反客为主。苟不深明敌人动静，宁可不去猛攻，不可浪战，而至于"虽先发而不能制人"，则将变成反主为客，正是所谓情见势绌了。他这种战略，最为踏实，尤其是用以制流寇式的太平军，最为相宜。此种稳扎稳打的战略，自湘军以至于淮军，都谨守勿失，后来湘淮合军平捻，更是得力于此。

　　曾氏战略，可说是拿主以制客为体，奇以制正为用。他的大本营全是正兵，全做成主的地位，遇到适当机会，才用奇兵，这固然是因敌人之势而制成这种战术，然而主将的个性与学养，亦有相当关系。曾氏是极稳健派的学者，我们看他立身为人，做学问都是稳健的一路，用兵也仍未脱此本色；所以这种战略，可以说是因势制宜，也可以说是出于主帅的一贯精神。

　　总之他虽不是军事人才，但是能有此成绩，我以为不出两个主要原因：第一就是他那副诚拙忠义的精神，其次则是就事磨炼而成。因为有他那副诚拙忠义的精神，所以处处能按部就班集思广益，而得到事实上的美满结果。能虚心谨慎，在事上磨炼，故事的本身，能随时精进。因为这两种精神的作用，所以他虽然是一个外行军事家，却成功这么大的事业，并且由今观之，凡他治军的精神，和训练士卒之方术，临阵制敌之策略，即今世号为军事家者，似亦未必过是。其一般原理，虽时过境迁，至于今日，犹有很多地方，未可磨灭。因此我们得到两个教训：一是凡事只须拿出真诚忠义之气去做，不但事可必成，而荆棘且将自去。二是凡人在社会上的成就，无论大小，都是社会培植之功，野心家在那里妄想做一个造时势的英雄，是不独把历史因果规律看倒了，且终必至偾事而不自知。纵观今古，横观世界，都不难得到事实证明，曾公事业，更无论矣。

第九章　治吏

　　一种政治的设施，应以时势为对象，在某种时代和某种形势之下，宜乎某种政治，这可以说是政治变迁史上的一大原则。因此我们现在要来追述曾国藩整饬吏治的方术，亦必先明白其时代与形势，然后再看他的政治设施，才能明白其意义。他那时代，可算是清廷政治腐败达于极点的时期，洪杨一呼而天下骚动，并非洪杨政治有什么深洽民心之处，实因清廷官吏太坏，人民久不堪命，故一闻洪杨倡乱，而天下莫不浮动。然而洪杨倡乱十五年，蔓延十六省，而卒就剿灭者，则由于洪杨等脑筋中充满了帝王思想，对于政治设施，毫无新兴气象，若辈所打算者，只在个人之富贵利达，曾未思及民间疾苦，慨然有拯济之心，而清廷则反由腐败而渐具生机，故能一举而荡平群寇。是知政治腐败，乃内乱之媒，政治清明，寇自消灭，一部中国史莫非成则为王，败则为寇。什么是成败？外面看起，似乎是武力，仔细推敲，还是政治。且专恃武力，终必底于灭亡，项羽、刘邦，便是一个显例。以曾国藩的时代论，清廷原是异族，虽政治腐败，天怒人怨，然而得一转机，犹得延长数十年命运；洪杨为民族革命者，然而劫杀盗淫，横征暴敛，民族亦不表同情，可知政治与之关系，有如此者！

清廷政治怎样会有转机的呢？其唯一原因在曾国藩、胡林翼等的才识过人，看定戡乱之要，首在政治清明，胡林翼尝谓："吏治不修，兵祸之所由起也；士气不振，民心之所由变也。官吏之举动，为士民之所趋向；绅士之举动，又为愚民之所趋向。未有不养士而能致民者，亦未有不察吏而能安民者。"又曰："救天下之急症，莫如选将，治天下之真病，莫如察吏。兵事如治标，吏事如治本。"曾国藩曰："今日局势，若不从吏治人心上痛下工夫，涤肠荡胃，断无挽回之理。"他们能看到民心向背，在于政治优劣，天下真病，不在军事而在政治，不从吏治人心痛下工夫，断无挽回之理。曾氏的治吏精神，全基于此。

中国宦途，盖自明之中叶，已呈腐败之象，观宗臣《报刘一丈书》而知当时宦途黑幕，不减今日。至其末造，则腐败更甚，官府坏于吏胥，地方坏于乡绅，满清承之，既毫无文化，更难言吏治。且妒忌汉人，无所不用其极，故一切政治设施，举不出明朝胥吏范围；虽纯正洁白之士，一入宦途，即往往变其气习，甘与胥吏为伍，而造成万恶渊薮的社会。欲洁身自好，只有跳开政治漩涡的一法。因此政治腐败，官吏贪污，视为固然。曾氏他们的整饬吏治，很看清这一点，所以极力提拔一班纯正洁白的书生，教他们替百姓做些切实的事业；但是书生虽有纯洁的长处，却有时因为阅历短浅而不通大体，或拘于小而碍于大，或放言高论，而少切实，或……然而他本质是洁白的，气节是坚强的，操守是高尚的，只须得到相当的磨炼，定能做出新气象的事业来。当时曾国藩主持东南大政，凡所引荐，悉为书生，他很能运用书生之长，而匡救其短，这是他治吏之特点。因此他的政术，不但是对民设施，并且还要对官训导。兹就其治吏大端，分正己、戢乱、察吏、勤学四项述之：

所谓正己者，就是要一班官吏，永久保持自身的纯洁，不要因为做了官，便坏了自己的良心。怎样可以保持自身的纯洁呢？我以为他常说的勤俭廉明，最为中肯。能勤俭自能廉明，能廉明便能做好官，而可永久保持自身的纯洁。在他批牍中，对各部属尤其是各县令，总是以此义叮咛嘱咐。兹录其与各县令之批牍数首如下，以见一斑。

　　该令初次做官，未染宦途习气，尤宜保守初心，无论做至何等大官，终身不失寒士本色，常以勤字、廉字自励，如天地之阳气，万物赖之以发生，否则凋枯矣；如妇女之贞洁，众人因以敬重，否则轻贱矣。(《批望江县令周甫文禀》)

　　大兵之后，民困未苏，亦须加意抚循，不可稍涉苛扰。该令以书生初历仕途，惟俭可以养廉，惟勤可以生明，此二语者，是做好官的秘诀，即是做好人的命脉。(《批庐江县郭令禀》)

　　该令等初到安庆时，本思从容教诫，培成循吏；其后匆匆离皖，此愿未偿，昨至金陵相见，未改读书本色，为之一慰。勤廉二字，系为政之本，平日必须于此二字认真体会，俾案无片纸积留之牍，室无不可告人之钱，自有一种卓然自立之象。(《批太平县知县蒋山禀》)

　　"廉明"二字是做好官的秘诀，而亦是立身为人之本。初做官时，未失书生本色，只须能勤即能渐至于明，能俭即可以廉，此二字为正己之始，循吏之基。这两句话可算他自守教人的基本原理。诚然，"其身正不令而行，其身不正，虽令不从。"为民上者一举一动，既为民所观瞻，德之流行，速于置邮而传命；恶之流行，亦速于置邮而传命。曾氏尝曰："风气之正否，丝毫皆推本于一己之身与心，一举一动，一语一默，人皆化之，以成风气；故为人上者，专重修身，以下之效之者速而且广也。"（日记）古人居高位所以战战兢兢，不敢或懈，所谓"若朽索之驭六马"，都是看透自己的责任重大，己身不正，即"是播其恶于众也"，其害何可胜言？所以政治好坏的先决问题，端在官吏本身的纯正与否。所以他说：

> 居高位之道约有三端：一曰不与，谓若于己毫无交涉也。二曰不终，古人所谓日慎一日，而恐其不终；盖居高履危，而能善其终者鲜矣。三曰不胜，古人所谓懔乎若朽索之驭六马，傈傈危惧，若将陨于深渊；盖惟恐其不胜任也。"鼎折足，覆公𫗧[①]，其形渥，凶"。言不胜其任也。方望溪言汉文帝之为君，时时有谦让若不克居之意，其有得于不胜之义者乎？孟子谓周公有不合者，仰而思之，夜以继日，其有得于惟恐不终之义者乎？（日记）

---

① 𫗧，sù，古代指鼎中的食物，后泛指美味佳肴。

为政之道，得人治事二者并重。得人不外四事：曰广收，慎用，勤教，严绝。治事不外四端：曰经分，纶合，详思，约守。操斯八术以往，其无所失矣。（日记）

李次青①赴徽州，余与之约法五章：曰戒浮，谓不用文人之好大言者。曰戒谦，次青好为愈恒之谦，启宠纳侮也。曰戒滥，谓银钱保举，宜有限制也。曰戒反覆，谓次青好朝令暮改也。曰戒私，谓用人当为官择人，不为人择官也。（日记）

凡治大事，以员少为妙，少则薪资较省，有专责而无推诿；少则必择才足了事者，而劣员不得滥竽其间；少则各项头绪悉在二三人心中手中，不至丛杂遗忘，多则反是。总之为事择人，则心公而事举，为人谋事，则心私而事废。该局冗员稍多，以后大小事件，须有专责，一一吹竽，则渐有起色矣。（《批江宁万蕃司启琛等禀》）

凡此皆所谓求在己者也。为政不能如此，即难有清明之望。不与，不终，不胜，可谓从政人员之极则，无论大小地位，都应该如此。质言之，就是凡居领导地位，均须具此三端，事的本身才能做好。

---

① 李次青，即李元度，河南平江人，字次青。曾府幕僚。

不过"不胜"、"不终"，他都解释得很清楚，并且举有例证了。"不与"的意义如何呢？我以为就是舜禹有天下而不与焉的"不与"。"不与"就是"不有"，不有其功，不有其位，都是"不与"的意义。怎样就是"与"呢？就是自有其功，自有其位。做皇帝就以天下为私产，做官吏即以官位为私有，似乎有了地位，就等于赚得一份产业，应享有特种权利，而自忘其义务。处处表现自己是有权威的，是应该高人一等的，这便叫做与，叫做有。居高位者只要有了这层观念，那么一切设施，都不会适当。纵有一二钓名沽誉之事，似乎是出于爱民，然究竟是藉以为巩固自己地位的手段，与真心爱民者，终是两事。且必有"不与"的精神，才谈得到不终不胜之义，不然，视天下为私有，既不对任何人负责，更何须不终不胜呢？故必视官位与己毫无交涉，然后才是真心替百姓做事，才会有"恐其不终"、"恐其不胜"之意，亦才谈到得人治事之方法。

故我尝以为凡做一切的领袖，都先要有"不与"的观念，才能以事为主，而不以个人私见为主。这然后自然会虚心下问，勤俭廉明，日求正己之道，以求免于颠危。有了这个基本观念，然后如有才力不足之处，由人指导，才可以虚受。至于胸怀器量，固然有许多是生成伟大，如舜禹之有天下而不与焉，亦有并非生成伟器，而可以借学问淬励，事业磨炼，使渐练渐进，以至于不与的境界。此

| 清同治四年由曾国藩署检刊印于金陵的十五卷《几何原本》，利玛窦、伟烈亚力口译，徐光启、李善兰笔受。

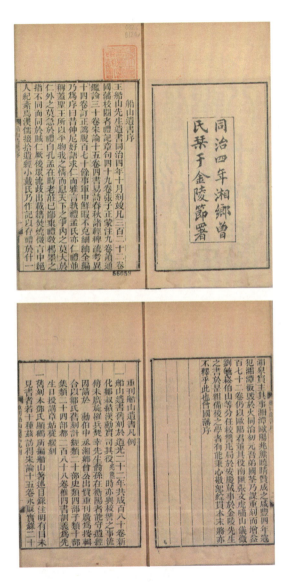

清同治四年，由曾国藩、曾国荃兄弟重新汇刊的《船山遗书》。

| 1864年，法国画刊"Le Monde ILLUSTRE"中的铜版画：天王洪秀全与其随从在南京城。

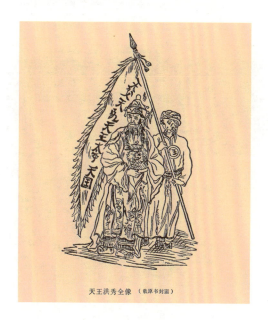

天王洪秀全像 （载原书封面）

| 英国人吟唎出版于1866年的著作《太平天国革命亲历记》中记载的天王洪秀全的画像。

湘军著名将领胡林翼、彭玉麟，选自清末画家吴友如作品《吴友如画宝》。雁小驴 供图。

| 湘军著名将领李续宾、罗泽南，选自清末画家吴友如作品《吴友如画宝》。雁小驴 供图。

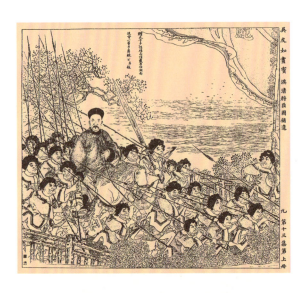

| 湘军著名将领鲍超、塔齐布，选自清末画家吴友如作品《吴友如画宝》。雁小驴供图。

| 清人绘《克复岳州图》。雁小驴 供图。

| 清人绘《攻破田家镇收复蕲州图》。雁小驴 供图。

| 清人绘《肃清浔江图》。雁小驴 供图。

| 清人绘《克复湖北通城图》。雁小驴 供图。

清人绘《克复武昌省城图》。雁小驴 供图。

清人绘《克复瑞州府城图》。雁小驴 供图。

| 清人绘《递众扰怀桐楚军会剿大胜图》。雁小驴 供图。

| 清人绘《克复安庆省城图》。雁小驴 供图。

清人绘《金陵各营屡捷解围图》。雁小驴 供图。

清人绘《攻克江浦浦口二城力破九洑洲诸隘图》。雁小驴 供图。

| 清人绘《克复金陵图》。雁小驴 供图。

| 清人绘《幼逆洪福瑱就擒图》。雁小驴 供图。

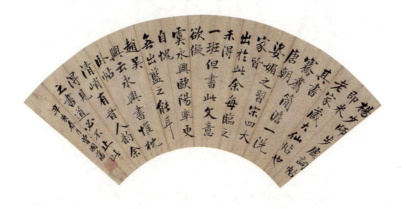

| 曾国藩《行楷书扇面》洒金纸本 1851年作。

款识：
辛亥春月曾国藩。
钤印：
曾国藩印

| 曾国藩篆书《求实用斋》横幅。

题识：
次青仁弟大人属。曾国藩题。
钤印：
涤生曾国藩
上款"次青"，即1853年入幕曾府，在曾国藩荡平
太平军的艰难岁月里，生死相随多年的李元度。

| 曾国藩行书《刚正翔实》横幅。

款识：
迁史书详实作翔实，雪琴仁弟以刚直名于时，而治
事殊极精详。书此诒之，国藩识。
钤印：
涤生曾国藩印

| 曾国藩书"读书力耕"七言联纸本行书。

| 曾国藩书"当时便同"七言联洒金珊瑚笺行书。

释文：

读书要在存心久，力耕不受众目怜。

款识：

岚友年兄鉴，涤生曾国藩。

释文：

当时籀史变科斗，便同尔雅注虫鱼。

款识：

月舟尊兄属，涤生曾国藩。

| 曾国藩书"长将自有"七言联。

| 曾国藩书"灵芝绛阙"七言联纸本行书。

释文：
长将静趣观天地，自有幽怀契古今。
款识：
涤生曾国藩。

释文：
灵芝美箭生无数，绛阙云台总有名。
款识：
长庆总戎属。涤生曾国藩。

处他所谓为政之道，与万藩司之批，我以为都是砥砺属员正己的方法，亦即借以磨炼胸怀的工具；即与李次青所定的约法五章，虽然是对个人，有为而发，然内容所及，亦确为一般官吏最易犯之事实。他且勿论，即所谓用人当为官择人，不为人择官，试问居高位者，有几人真能如此！不能如此，即是己身之不正矣，更何能谈到正人！

他那时所谓政治，多半是军事之后的设施，更有许多是军事甫息，匪患未绝，地方官不但要有政治长才，并且还要有剿匪能力。即不然，亦须竭力辅助军人，安良除暴。质而言之，在他的理想，能合当时的情况，最好是将能兼吏，吏能兼将，所以他对将官说的话，与对文吏说的话，其基本意义，类皆相似。薛福成曰："曾国藩之在江南，治军治吏，本自联为一气。自军旅渐平，百务创举，曾国藩集思广益，手定章程，期为行之经久，劝农课桑，修文兴教，振穷戢暴，奖廉去贪，不数年间，民气大苏，而官场浮情之习，亦为之一变。"观此可知他的治军治吏，心目中原无区域。不过一个是冲锋陷阵，攻城夺垒，一个是整顿后方，与民休息。二者原是一气相连，无可间断。所不同者，武将重在战术，文吏重在治道，而安良除暴，则又二者之共同目标，故其封官吏有这样的两段话：

土匪横行，宜大加惩创，择其残害于乡里者，重则处以斩枭，轻亦立毙杖下。戮其尤凶横者，而其党始稍戢，诛其尤害民者，而良民始稍息；但求于孱弱之百姓，少得安恬，即吾身得武健严酷之名，或有损于阴鸷^①慈祥之说，亦不敢辞己。（批牍）

告讦之胁从，概从宽宥，以绝株累诬扳之风。访获之头目，必置重典，以杜煽诱猖獗之渐。治胁从则有党必散，治头目则有犯必惩。外宽内严，恩威并用，不过数月，必有大效。（批牍）

这两段都是说当时官吏应该负起戡乱的责任。只要于百姓有实利，即自己受祸，亦所不计。盖"治乱国，用重典"；彼时彼地的官吏，不如此即不足以安多数之良民，且不能彻底戡乱。即有任何优良政治，亦无从设施；故此时官吏，应先负起戡乱之责，然后才谈到政治措施。

曾氏的理想，是要自己训练出一班书生本色的循吏，使他们去负戡暴安民的责任，以收拾民心，与民更始。但是如何能使这个理想不落空，而可以成为事实呢？便要看他那种严密而敦厚的察吏方

① 鸷，zhì，阴鸷，阴德。

法了。薛福成尝述曾氏察吏之法，谓："其法于莅任之始，令省中司道，将所属各员；酌加考语，开摺汇进，以备校核，一面留心察访，俾有所闻，即登之记簿，参伍错综，而得其真。俟贤否昭然，具疏举劾，阖省惊以为神，官民至今称颂。曾国藩未尝专讲吏事，然其培养元气，转移积习，则专精吏治者所不逮也。"这足见得他察吏方法，严密如此。然而他并不是苛刻，他的严密，完全是对事，不是对人。所以对事是严密了，对人还是敦厚。这是如何说法呢？就是说对事的本身非常严密，一步不放松；但是训导培养吏材，则又极宽厚慈祥之至。可以说他的察吏方法，一半是留心访察，一半是训导培养。因此他的属吏，贤者益自奋励，不肖者亦能自勉。关于考察情形，在第六章中及此处所引薛福成的言论，可以得其大概，惟是前所言者，大抵偏于严肃的一方面，实则严肃之中，处处带慈祥之意。看下面两段，便可知了。

稽查属员，宜如父兄之教子弟，先之以训诫，继之以严饬，不可遽存疾视之心，致成隔膜。如有不服教诲，怙终不悛，及实干贪酷六法之员，则立挂弹章，不必问参员心服与否，更不宜听扬言而自形愤懑也。（《批安臬司禀》）

为督抚之道，即与师道无异，其训饬属员，殷殷之意，即与人为善之意，孔子所谓诲人不倦也。其广谘忠益，以

身作则，即取人为善之意，孔子所谓为之不厌也。此皆以

君道而兼师道，故曰作之君，作之师。（日记）

这是何等剀^①切慈祥的态度？我们看他的书札与批牍，处处见得他有这副气象。诚如父兄之教子弟，业师之教生徒，只有期望，而无疾视；更因各人才质行径，而予以相当的训诫与鼓励。譬如对陈国瑞则戒以"不扰民，不私斗，不梗令"。对鲍超则教以小心大度。他说："小心者戒骄矜，戒怠忽，即前此所谓花未全开月未圆也。大度者，不与人争利，虽办得掀天揭地事业，而自视常若平淡无奇，则成大器矣。"其他一切属员，都时时予以这样的训练。他曾手订《劝诫浅语》十六条，当时印成小册，分散部属，考察的时候，即以此为标准。十六条中，有四条是劝诫营官的，已见于上章。还有十二条则劝诫州县者四条，劝诫委员者四条，劝诫绅士者四条，兹录其大纲如下：

劝诫州县四条（原注云：上而道府下而佐杂以此类推）：一曰治署内以端本。二曰明刑法以清讼。三曰重农事以厚生。四曰崇俭朴以养廉。

劝诫委员四条（原注云：向无额缺现有职事之员皆归

_____

① 剀，kǎi，切实。

此类）：一曰习劳以尽职。二曰崇俭约以养廉。三曰勤学问以广才。四曰戒傲惰以正俗。

劝诫绅士四条（原注云：本省乡绅外省客游之士皆归此类）：一曰保愚懦以庇乡。二曰崇廉让以奉公。三曰禁大言以务实。四曰扩才识以待用。

此十二条中，每条之下，都有详细的说明，与前所录劝诫营官者相等。兹为节省篇幅起见，录其大纲，然已可见其概要。凡他所劝诫者，事事皆由他本身做起，部属未能完全遵照者，则殷殷劝导之；其才力不足，发生事实上困难者，则设法辅助之；其有因公死事者，则优予抚恤，以励廉吏。如此训诫激励，恩威并用，故能不数年间，风气大变，此可见其训练之功矣。

还有一事，在他政术中占重要地位者，厥维劝学。劝学之方向有二：一为劝官吏学，一为劝地方人士学。劝学的目标亦有二：一曰励人才，二曰厚风俗。诚然，一个人无论做什么事，假如没有学习研究的心志，则无论所司何事，都不会有多少进展。当然学习研究不一定要在书本上钻寻，但是完全没有拿书本的兴趣，甚至鄙视书生，则亦谈不到虚心研究，使自己才能有所进步。故就官吏说，要想自己才能日益广大，至少要有一付学习研究的心志。就一地方说，假如地方人士，都不好学，势必一方之人，皆粗野鄙僿，而风俗亦必致日益浇漓。故劝官吏学，则人才日出；劝地方人士学，则风俗日厚；是为事实上必然之结果。这两方面是有连环性的，所以他同时并教，使一般官吏都能于公务之余，潜心向学，庶不致不学无术而为祸国殃民之事；使一方人士都能潜心向学，不但可以厚风俗，且可擢人才，所谓"十室之邑，必有忠信"，惟在上者擢而用之耳。兹先述其劝官吏学者如下：

> 今世万事纷纭，要之不外四端：曰军，曰吏，曰饷事，曰文事而已。凡来此者，于此四端之中，各宜精习一事，习军事则讲究战攻、防守、地势、贼情等件，习吏事则讲究抚字、催科、听讼、劝农等件。习饷事则讲究丁漕厘捐开源节流等件。习文事则讲究奏疏条教公牍书函等件。讲究之法，不外学问二字。学于古则多看书籍，学于今则多觅榜样，问于当局则知其甘苦，问于旁观则知其效验。勤习不已，才自广而不觉矣。（《劝诫委员》第三条）

> 闲暇则读书习字，深思力行，总不使此身此心，有一刻之怠惰，并与杨参将互相规劝以"勤劳"二字为主，能吃天下第一等苦，乃能做天下第一等人。无得自暴自弃也。（《批江绍华禀》）

才力不逮，不必引以为歉。凡才力得之天禀者不足喜，得之人事者乃可据。厉志以广之，苦学以践之，才力无不日长者。水之渐也，盈科而进；木之渐也，积时而高。才力之增，亦在乎渐而已矣。(《批吴廷华禀》)

我在第一章中，即曾说明曾氏把"学"字意义看的很广，举天地间一切事物，莫非是学。此处他举出军、吏、饷、文四端，系专对将吏委员之言。教他们就本事职务择一讲究，以求深造，并告诉他们讲究之道，不外"学问"二字，更将"学问"二字，分析得如此明了透彻，娓娓动听，只要能够勤苦耐劳，自可日即高明。且由勤苦耐劳中得来的学问，倒是脚踏实地，铢积寸累，最靠得住，他所谓才力得之人事者乃可据，便是指此。所以我说官吏如能潜心向学，对个人则才能日进，对社会则人才日增。其劝地方人士者，又如何呢？他说：

风俗之美恶，主持在县官，转移则在士绅。欲厚风俗，不得不培养人力，古者乡大夫宾兴贤能，考其六德六行六艺，而登进之，后世风教日颓，所谓六德者不可得而见矣，至于六行，曰孝、友、睦、姻、任、恤，孝友则宗族敬服，睦姻则亲党敬服，今世未尝无此等人也；任则出力以救急，恤则出财以济穷，今世亦未尝无此等人也。六艺曰礼、乐、射、御、书、数，今世取士用文字诗赋经策，其事虽异，其名曰艺则一也。今之牧令，即古乡大夫之职，本有兴贤举能之责，本部堂分立三科以求贤士，凡孝友为宗族所信，睦姻为亲党所信者，是为有德之科。凡出力以担当难事，出财以襄成善举者，是为有才之科。凡工于文字诗赋，长于经解策论者，是为有学之科。仰各州县，采访保举一县之中，多者五六人，少者一二人，其全无所举，及举而不实者，该牧令皆予记过。教官如确有所见，亦可随时禀保，有德者本部堂或寄匾额，以旌其宅，或延致来省，赐以酒食，馈之仪物。举有才者，本部堂或饬属派充团长，酌给薪水，或调省一见，札令帮办捕务。举有学者，本部堂或荐诸学使，量加奖拔，或召之来省肄业，优给膏火。每州每县，皆有数人为大吏所知，则正气可以渐伸，奸宄因而敛迹，此虽与清讼无涉，而端本善俗，尤在于此。因一方之贤士，化一方之莠民，芳草成林，荆棘不锄而自悴；鸾凤在境，鸱枭不逐而自逃。诸良吏无以为迂而忽之。（《直隶清讼事宜》（第十条 奖励人才变易风俗））

《学记》曰：君子如欲化民成俗，其必由学乎？古之所谓学者，初非限于读书，六德六行六艺，莫非是学。上有好者，下必有甚，果在上者真能以学行自励，对士民又能劝导奖进，无微不至，士民未有不望风而化，浸以成俗。苟在上者，自己不正，不学无术，则部属将吏，亦必以类相从，顽钝无耻，臮诟无节，其结果将使一世之人，皆知非阿谀谄媚，苟合取容，则无以自存。如是而犹望风俗敦厚，而不流于卑污苟贱，何由得乎？纵在上者，时时以礼乐教化为口头禅，而欲掩饰时人之耳目，亦徒见其心劳日绌而已。

　　故我以为曾氏所以能指挥部下将吏，如身之使臂，臂之使指，莫不听从，其最大原因，就是他本身有学问，足以服众。他是一切言行举动，足以为部属士民之法，而又时时以励人才厚风俗为职志，部属士民尚安有不从之理？且如他求贤的路径，分为三科，则凡士民之有一行之善，一技之长，均有以自见。如此不但使天下贤士无怀才不遇之憾，而正气既伸，奸宄敛迹，所谓"芳草成林，荆棘不锄而自悴；鸾凤在境，鸱枭不逐而自逃"，真是励人才厚风俗之根本大计。

　　易曰："方以类聚，物以群分。"又曰："君子道长，小人道消。"邪正之互为消长，乃千古以来无法避免之事实。居高位者既不可不看清此点，而为之辅翼奖励，使正气得伸，奸宄①敛迹，更不可不自检点本身言行，务使一举一动，一言一默，俱足以风民而服众，庶乎言顾行，行顾言，而无出尔反尔之灾也。诗云："伐柯伐柯，其则不远。"曾氏之言行不远，患在不以为则耳！

① 宄，guǐ，坏人。

第四编 · 读书

第十章 读书的先决问题

平常人总会以为做学问就是读书，书读好了，就会有官做，做得官了，则富贵利禄，乃至声色货利，都会源源而来。故曰："书中自有黄金屋，书中自有颜如玉。"此可见一般人对于读书的观念。而读书一事，所以会占整个学问的领域，也无非为此。因此我们可以得到一个结论：做学问就是读书，读书可以升官发财。这句话固然不能包括过去现在的一切学者，但确是一般读书人的普遍心理。故读书这件事，在社会上的确看的很重要，然而读书人愈多，社会国家只有弄得愈糟，寻根究柢，不能不归结到读书的目标问题。彼其以"颜如玉"、"黄金屋"为读书目标，当然时时刻刻，对目标以追求，人人如是，社会尚堪问耶？

　　曾氏数十年来，虽在戎马倥偬之中，而读书为文不辍，其教生徒，教子弟之读书方法，尤能亲切踏实，而为后进入学之门。不过他不是主张读死书的，更不是拿读书做寻求官阶的工具。他以为读书是做学问的一部分，而做学问的目标，应在"化民成俗"。他那个时代士气颓丧，读书人除帖括诗赋之外，已不知何为学问；除欲得举人进士之外，已无所谓志向。所以他是一心一意想挽回这个颓风，先由自己本身做起，然后由近及远，以造成一个良好风气，正风俗而救人心。虽然事体甚大，但是他相信只要有一部分人，在那里真能以身作则，真心倡导传播，则亦未尝不可以"转移习俗而陶铸一世之人"。他说："风气无常，随人事而变迁，有一二人好学，则数辈皆思力追先哲；有一二人好仁，则数辈皆思康济斯民。倡者启其绪，和者衍其波，倡者可传诸同志，和者又可嬗诸无穷。倡者如有本之泉，放乎川渎，和者如支河沟浍，交汇旁流。先觉后觉，互相劝诱，譬如大水小水，互相灌注。以直隶之士风，诚得有志者导夫先路，不过数年，必有体用兼备之才，彬蔚而四出，泉涌而云兴。"（《劝学篇·示直隶士子》）可知此事虽然甚大，只要去做，效果倒也无难。故曰："凡一命以上，皆兴有责焉者也。"

他又说："读书不能体贴到身上去，虽使能文能诗，博雅自诩，亦只算得识字之牧猪奴耳！用此等人做官，与用牧猪奴做官，何以异哉？"因此我们知道要想做"化民成俗"的事业，固然不可以不读书，但是专读死书，是不会"化民成俗"的，虽不读死书而无远大的志愿，也不能"化民成俗"的；所以他认为读书第一个先决问题，就是要"志大人之学"。他说：

读书之志，须以困勉工夫，志大人之学。（日记）

君子之立志也，有民胞物与①之量，有内圣外王之业，而后不忝于父母之所生，不愧为天地之完人，故其为忧也，以不如舜，不如周公为忧也，以德不修，学不讲为忧也。是故顽民梗化则忧之，蛮夷猾夏则忧之，所谓悲天命而闵人穷，此君子之所忧也。若夫一身之屈伸，一家之饥饱，世俗之荣辱，得失，贵贱，毁誉，君子固不暇忧及此也。（道光二十二年十月二十六日致弟书）

人之气质，由于天生，本难改变；惟读书则可以变化气质，古之精相法者，并言读书可以变换骨相，欲求变化之法，总须先立坚卓之志。即以余生平言之，卅岁最好吃

---

① 民胞物与，泛指爱人和一切物类。出自宋张载《西铭》。

烟，片刻不离，至道光壬寅十一月廿日，立志戒烟，至今不再吃。四十六岁以前，作事无恒，近五年深以为戒，现在大小事均尚有恒。即此二端，可见无事不可变也。古称金丹换骨，余谓立志即丹也。（同治元年四月二十四日致纪泽）

凡此都是志大人之学之事。所谓大人之学，这里也说得很具体，民胞物与之量，内圣外工之业，使匹夫匹妇，皆得其所，所谓悲天命而闵人穷，这是何等盛德大业？岂是读书求官之辈所能梦见？又岂终日占毕呻唔于诗赋帖括者所能望其项背？然而同一读书，或彼或此，便是所谓坚卓之志的作用。凡人读书，莫不有志，志大人之学者固谓之志，即志在升官发财，诗赋帖括者，亦何尝不日夜孜孜，求达其志？

故在读书之始，假如不把志向定得正大，则其流毒将不堪闻问。记得是张蒿庵说的吧，"学者一日之志，天下治乱之源，生人忧乐之本矣。"所谓一日之志，我以为就是学者读书为学之初，自己所期于自己者，是若何趋向，若何愿望。这便叫一日之志。这种趋向，若在一身之屈伸，一家之饥饱，世俗之荣辱得失呢？那么不得志倒算是天有眼，一经得志，便要地无皮了。假如趋向在民胞物与，悲天闵人呢？则所谓得志与民同之，不得志修身俟于世。无论在上在下，都可以正人心而厚风俗，才算是学者正经，读书亦才有用，且亦才需要读书。有了这种志愿，虽自己气质稍下，亦可借读书以改变。并不是书籍有这大力量，不然古今读书人都应入圣贤之域了。又何以大奸巨猾，往往满腹文章呢？就可见书要看什么人读：大奸巨猾，则书中所载，莫非为其奸猾之资；以民胞物与为怀者，则圣贤之言，皆我之言，书中之事，皆份内事，自然会早夜以思，去其不如舜，不如周公者，而求其所以为舜为周公者。孜孜矻矻，朝乾夕惕，则未有不能达其愿望者。而其得力处，则在自己有坚卓之志。所以说立志就是换骨之金丹。

然而所谓立志，又不是或作或辍，一暴十寒所能奏效，必朝斯夕斯，抱定一息尚存此志不容稍懈的精神，然后才能毋望其速成，毋诱于势利。所以他常在立志之下，加"有恒"二字，意谓始终不懈的精神，乃读书第二个先决问题。他说：

> 士人读书第一要有志，第二要有识，第三要有恒。有志则断不甘为下流；有识则知学问无尽，不敢以一得自足，如河伯之观海，如井蛙之窥天，皆无见识也；有恒则断无不成之事。此三者缺一不可。诸弟此时，惟有识不可以骤几，至于有志有恒，则诸弟勉之而已。（道光二十二年十二月二十日致诸弟书）

学问之道无穷，而总以有恒为主，兄往年极无恒，近年略好，而犹未纯熟。自七月初一起，至今则无一日间断，每日临帖百字，抄书百字，看书少亦须满廿页，多则不论。自七月起，至今已看过《王荆公文集》百卷、《归震川文集》四十卷、《诗经大全》廿卷、《后汉书》百卷，皆朱笔加圈批。虽极忙亦须了本日功课，不以昨日耽搁而今日补做，不以明日有事，而今日预做。诸弟若能有恒如此，则虽四弟中等之资亦当有所精进，况六弟七弟上等之资乎？……诸弟试将《朱子纲目》过笔圈点，定以有恒，不过数月即圈完矣。若看注疏，每经亦不过数月即完。切勿以家中有事，而即间断看书之课，又弗以考试将近，间断看书之课，虽走路之日，到店亦可看书，考试之日，出场亦可看也。兄日夜悬望独此有恒二字告诸弟，伏愿诸弟刻刻留心，幸甚幸甚！

（道光二十四年十一月二十一日致诸弟函）

此处他不但把有恒的效用说得很详尽，并且做出有恒的样，为他诸弟们规画出有恒的方案。这种方案，不但他的诸弟可以受益，即我们现在还是可以依此做去。他所举有志有识有恒，自然都是读书应有的先决问题，不过"有识"不是初学所可骤几，所以他平常教人，总是以立志有恒为最要。然而我以为果能立志而又能持之以恒，时时不断的与古人为俦，当然会知道学问无尽，不致以一得自足。河伯观海，井蛙窥天之陋，或者即可因此免除吧？所虑者就是立志未必坚定，见左右前后，与我相仿佛者，皆得奥援而腾达了，于是自己也就耐不过了，或望其速成，或诱于势力，或竟弃其所学而另觅蹊径，都叫做无志，都叫做无恒，就会不免于河伯观海、井蛙窥天了。

他写此信，正是在京城做京官的时候，也可以说正是他发愤立志，发愤持恒的时候。我们看他几个月内，做了许多功课，我们或者会惊疑他是天才独厚吧？其实不是，绝不是，他的资质，并不过人，他惟一长处，就是他那副诚拙的精神，困知勉行的精神，孳孳不懈，无稍间断的精神。每日看廿页书，并不算是难事，然而我们就不能有他那样成绩，便是因为我们缺少他那副有恒的精神。假如我们也立定志向，要持之以恒，每日看廿页书，几个月后，成绩也定可观。而况年年如此，终身如此，何患无所精进？荀子曰："无冥冥之志者，无昭昭之明，无惛惛之事者，无赫赫之功。"曾氏此时，正是励志潜修，冥冥惛惛的时期；凡他后来那些昭昭之明、赫赫之功，都是这时候做成的基础。即他诸弟后日功业，也很得力此时的乃兄教导。故凡有志于盛德大业者，不可不立定坚卓的志向，尤不可不持之以无稍间断的恒心！

有了坚卓的志向，不断的恒心，然后感觉自己理不充，识不远，才不足以应用，那么可以谈读书问题了。这时候去读书，才是正当的需要，才不至于借书中之义以济其私而满其欲。即就读书本身来说，在这种情况之下，其了解力，运用力，都必较茫无目标者，为强且大；不过书籍之浩浩，若江海然，非一人之腹，所能尽饮也。其中万径千蹊，莫知所适，在读书之前，苟不指以正当途径，则将以羊肠为大道，以断港绝潢为终南捷径，则将皓首穷年，不免为陋儒而已。故在立志，有恒两问题决定之后，还要辨明应该采取什么趋向，这可算是读书第三个先决问题。他关于这个问题在全书中说的最多，兹就其告直隶士子者，略述如下：

　　为学之术有四：曰义理，曰考据，曰辞章，曰经济。义理者，在孔门为德行之科，今世目为宋学者也。考据者，在孔门为文学之科，今世目为汉学者也。辞章者，在孔门为言语之科，从古艺文，及今世制义诗赋皆是也。经济者，在孔门为政事之科，前代典礼政书，及当世掌故皆是也。人之才智上哲少而中下多，有生又不过数十寒暑，势不能求此四术，偏观而尽取之，是以君子贵慎其所择，而先其所急。择其切于吾身心不可造次离者，则莫急于义理之学。凡人身所自具者，有耳目口体心思，日接于吾前者，有父子兄弟夫妇，稍远者有君臣有朋友。为义理之学者，盖将使耳目口体心思，各敬其职，而五伦各尽其分，又将推以及物，使凡民皆有以善其身而无憾于伦纪。夫使举世皆无憾于伦纪，虽唐虞之世，有不能逮；苟通义理之学，而经济该乎其中矣。程朱诸子，遗书俱在，曷尝舍末而言本，遗新民而专事明德，观其雅言推阐，反覆而不厌者，大抵不外立志以植基，居敬以养德，穷理以致知，克己以力行，成物以致用。义理与经济，初无两术之可分，特其施功之序，详于体而略于用耳。（《劝学篇·示直隶士子》）

这一段话拿现在目光骤然看去，或要觉得有些迂腐了吧？其实所谓使耳目口体心思各敬其职，难道不是万古不变之真理？难道不是人类应有的基本行为？普通人或因环境关系，教育关系，而未能完全如此，读书负先知先觉之责者，当然应该以此为急务。盖自一般腐儒，以规行矩步坐尸立斋种种形式，自矜为义理之学，而其心术有时乃不堪闻问。于是"义理"二字，变成迂腐虚伪之名词，提及"义理"二字，或者就会引起人们联想到那种迂拘腐朽的形态，实在这不是义理之过，假义理以欺世盗名者之过。义理的内容，就是立身为人之道，成己成物之方，至于用何方式以立身为人，以成己成物，则尽可随时代以变迁，随环境以变迁，要其归则始于正己，终于济世，如百川异派，同达于海而已，初不必拘于一定方式，一定途径。他所谓立志以植基，居敬以养德，穷理以致知，克己以力行，成物以致用，昔人所谓学有本源，便是指此。有了这个本源，然后求先儒所谓考据者，使吾之所见，证诸古制而不谬；然后所谓求辞章者，使吾之所获，达诸笔札而不差，则天下无往而非学，无事而非学了。到此时，虽曰六经皆我注脚，亦无不可。

以上所举这三个先决问题，他全书之中，并未这样明白的告诉我们。不过在他言论中归纳起来，可以得到这三点是读书应有的先决问题。我以为此事于读书为学之始，关系极大，故于其读书方法之先，述此章以为冠，是否郢书燕说①，则不暇问了。

---

① 郢，yǐng，郢书燕说，指在解释文章时曲解了原意，但有时可能也表达出了有价值的观点，故也不全作贬义。出自《韩非子·外储说左上》。

观察一个人的读书方法，可以看出他的读书兴趣和其造诣的浅深。这句话固然未可当作绝对的标准，但是大致是无甚差误的。从前塾师教小学生死读《大学》、《中庸》一类深奥的书，并教以先要"安详恭敬"（朱熹语），不从，则临之以夏楚，一般天真烂漫的小学生，乃视读书为畏途。这是方法影响到他的读书兴趣。因为没有良好的方法，而书又不可不读，于是有一些学者尽量的死读书，读死书，到头童齿豁[①]，而数百字时文，乃有未通顺者。或读书数十百卷，而无一句足资应用者，都算是方法下的牺牲品。

————————————

① 头童齿豁，意思是头顶秃了，牙齿稀了。形容人衰老的状态。出自唐韩愈《讲学解》。

曾氏为时代所限，积习所限，其所举读书方法，当然与现代教育理论犹未免于差池，然而踏实诚拙，是其天性，由是踏实诚拙之天性，乃产生他实事求是的读书方法。盖读书最忌取巧，取巧固有时可以得到书中一知半解的皮毛，若想求深造，求本原，求前人未发之秘，皆绝对不能存丝毫取巧之心。不但不能取巧，凡学术造诣愈深者，恒用力愈拙。西人往往为发明一理论，不惜穷毕生之力以求证据，必待数十百千证据都相同了，然后才敢自信。清朝汉学大师，亦尝为一字一义，而求数百证据。在聪明人看起来，不是太拙了吗？而不知他的造诣，即从这拙中得来。

许多聪明人而异常浅薄，就是因为不愿用这拙的功夫。而况书中趣味，真是仁者见仁，智者见智，深者得深，浅者得浅，精蕴之处，全要自己求得，才为己有。父兄师友拿他自己心得来告诉我们，固亦可以启示一二，然究竟与我自己得来者，是两样意味。然则读书可以不用方法了？是又不然。方法好像是指示我们一个方向，告诉我们这方向的路道上，有什么河溪，有什么山谷，应该坐车，或应该坐船？至于路上风景的如何美观，便要你自己去看才能亲切。方法又如矿师告诉我们矿苗的所在，与开掘的方法，我们虽然明白了何处有金矿，何处有银矿，亦且明白了怎样开掘的方法，然而实行去开掘，便非我们自力不可。至于采获多少，更须视我们用力如何，与毅力如何，方能决定。现在青年有太重视方法，而忽于自己的实力，对学问不愿下苦工，成就安能不薄？而其最大原因，则在专欲取巧。我所取于曾氏读书法者，就为他这种脚踏实地毫无取巧的精神。至其所举应读的书籍，自然有许多已受时代的汰除，但是他的方法，却最足以给我们仿效，我们当然不能去其精华，而求其糟粕。

他的读书方法可以分四项说明：（1）看、读、写、作，（2）专精一业，（3）求明了勿求强记，（4）分类笔录。怎样叫看、读、写、作呢？他说：

> 读书之法，看、读、写、作四者，每日不可缺一，看书如尔去年看《史记》、《汉书》、《韩文》、《近思录》，今年看《周易折衷》之类是也。读者如《四书》、《诗》、《书》、《易》、《左传》诸经，《昭明文选》，李、杜、苏、黄之诗，韩、欧、曾、王之文，非高声朗诵则不能得其雄伟之概，非密咏恬吟则不能探其深远之韵，譬之富家居积，看书则在外贸易，获利三倍者也；读书则在家慎守，不轻花费者也。譬之兵家战争，看书则攻城略地，开拓土宇者也；读书则深沟坚垒，得地能守者也。看书与子夏之日知所亡相近，读书与无忘所能相近，二者不可偏废。至于写字，真行篆隶，尔颇好之，切不可间断一日，既要求好，又要求

快，余生平因作字迟钝，吃亏不少，尔须力求敏捷，每日能作楷书一万则几矣。至于作诸文，亦宜在二三十岁立定规模，过仨后则长进极难。……少年不可怕丑，须有狂者进取之趣，此时不诚为之，则后此将不肯为矣。（咸丰八年七月二十一日舟次樵舍下与纪泽函）

看生书宜求速，不多阅则太陋，温旧书宜求熟，不背诵则易忘；习字宜有恒，不善写则如身之无衣，山之无木；作文宜苦思，不善作则如人之哑不能言，马之跛不能行。四者缺一不可。

这可算是读书方法的初步。看、读、写、作四者，缺一不可。四者的界说与效益，他都言之綦详。四者之中，除写字一门，现在不甚注意外，其他三项今日为学之士，仍不可偏废，尤其是读书与看书，他说的最为透澈。盖读书意在求熟，看书意在求速，熟然后可以专精，速然后可以广博。学者须先有若干部烂熟之书在胸中，然后再去涉猎群书，方无阻碍。此如为将官者，自己手练精兵若干万人，赴汤蹈火，略无难色，然后以此若干万人为主，协同其他新练之兵，攻城略地，则不但手练精兵无往不利，即新练之兵亦将无往不利。读书看书，亦正如此。学者苟有若干部烂熟而又深澈了解之书在胸中，然后看书自可以速，且易于了解。

现在青年对于熟读一事，恒视为畏途，不要说整部书不能读熟，即学校几篇国文讲义，要希望他们读熟，都不是容易的事。胸中连几篇熟文章都没有，更那里能谈得到看书？即看书亦如何能深澈了解？又如何能作得出清晰明畅的文章？就我的经验：看书作文，都要以胸中熟书多寡为标准，不先注意熟读，乃欲做成好文章，或求看书之速，是皆缘木求鱼之事。我是笃信初步为学必须熟读的人，看书作文，都须以熟读为根基。当然不是一切作品，都要熟读，但是其重要者确非熟读不可。不能全读者，则须多看，所谓不多看则太陋也。我以为读书最好分三部：1. 熟读之部，2. 常看之部，3. 涉猎之部。常看者就是不止看一次，涉猎者一眼看过，得其大意即足。

曾闻前辈先生云：曾氏最讲读法，声调神态，均极入妙。证之他自己的言论，尤觉此言之足信。他曾告诉其子纪泽云："尔欲做五古、七古，须读五古、七古各数十篇，先之以高声朗诵，以昌其气，继之以密咏恬吟，以玩其味，二者并进，使古人之声调拂拂然若与我之喉舌相习，则下笔为诗时，必有句调凑赴腕下。"在他日记中，亦曾说到"温苏诗朗诵颇久，有声出金石之乐。因思古人文章所以与天地不敝者，实赖气以昌之，声以咏之。故读书不能求之声气二者之间，徒糟粕耳。"在这两小节中，我们几乎可以听到他那铿然如出金石的书声了。尤透澈的，就是他所谓高声朗诵，密咏恬吟，相习既久，则下笔为诗时，必有句调凑赴腕下。岂但作诗是如此？作文亦何独不然！初学为文，往往字句生硬，或上气不接下气，都是未能常使古人之声调拂拂然若与己之喉舌相习的缘故。所以我觉得这一段虽然说的是看读写作四种，除了写字一门，其余三者，我以为读是一个纲领。

其次便要专精一业。他尝说："用功譬若掘井，与其多掘井而皆不及泉，何若老守一井，力求及泉而用之不竭乎？"在他《圣哲画像记》那一篇中，亦力言广心博骛之病，而主专攻一学，所以他教子弟，总是以专精为主。他说：

> 求业之精，别无他法，曰专而已矣。谚曰："艺多不养身"，谓不专也。吾掘井多而无泉可饮，不专之咎也。诸弟总须力图专业。……若志在穷经，则须守一经，志在作制义，则须专看一家文稿，志在作古文，则须专看一家文集，万不可兼营竞骛，兼营则必一无所能矣。凡专一业之人，必有心得，亦必有疑义。诸弟有心得可以告我共赏之，有疑义可以问我共析之。（道光二十二年九月十八日致诸弟书）

> 读书之道，有不可易者数端：穷经必专一经，不可泛骛。读经研寻义理为本，考据名物为末。读经有一"耐"

字诀，一句不通不看下句，今日不通，明日再读，今年不精，明年再读，此所谓耐也。读史之法，莫妙于设身处地，每看一处，如我便与当时之人酬酢笑语于其间。不必人人皆能记也，但记一人则恍如接其人；不必事事皆能记也，但记一事则恍如亲其事。经以穷理，史以考事，舍此二者，更别无学矣。盖自西汉以至于今，识字之儒，约有三途：曰义理之学，曰考据之学，曰辞章之学。各执一途，互相诋毁，兄之私意，以为义理之学最大，义理明则躬行有要，而经济有本；辞章之学，亦所以发挥义理者也，考据之学，吾无取焉矣。此三途者，皆从事经史，各有门径。吾以为欲读经史，但当研究义理，则心一而不纷。是故经则专守一经，史则专熟一代，读经史则主义理，此皆守约之道，确乎不可易者也。若夫经史而外，诸子百家，汗牛充栋，或欲阅之，但当读一人之专集，不当东翻西阅。如读《昌黎集》，则目之所见，耳之所闻，无非昌黎，以为天地间除《昌黎集》而外，更无别书也。此一集未读完，断断不换他集，亦专字诀也。（道光二十二年正月十七日致诸弟函）

大概贪多而不务得，原是青年最易犯之病状，在已有看书能力的时候，常会泛滥无边的乱翻乱看，无系统，无中心目标，这样看去，终不会有精蕴的心得，终其身亦难有专长。犹如自己手里没有精锐之士，所部尽新募之兵，当然指挥不灵，而不能有一定趋向。

曾氏所谓专一经，专一史，绝不是教人除此一书之外，不阅他书，他屡屡叫人要多看书，谓不多看则太陋。此所谓专，就是要求精之意，欲求精必须专，专有二义：一谓专艺，二谓专心。专艺就是专一经或专一史，或专攻其他任何一书，均谓之专，但须研寻其义理，考证其名物。如练兵然，必练成可以赴汤火蹈白刃者，始谓之精。经则专主一经，史则专熟一代。一句不通，不看下句，今日不通，明日再读，今年不精，明年再读，把一部书研究得精通烂熟，甚至终身以此一书为研究之中心，是之谓专。他认为"专"字是读书一个秘诀，故除专艺之外，还要专心。怎样专心呢？就是拿全副精神，专注在一种书上，所谓用志不分，乃凝于神。他说："读《昌黎集》则觉天地间除《昌黎集》外，更无他书。"这真是最精澈的秘诀。现在学校之中，要说终日沈潜于一书，自是不可能之事实；但是取法他的意思，用全副精神去看书，还是可能的。虽只看书一小时，就在这一小时内，聚精会神，忘却书外的一切，这是应有的习惯；至于一本未完，断断不换他书，也是我们应该取法的。

在这种情势之下，最怕的就是遇着难关，便自抛去；则不但不能专业，更谈不到专心。所以他在专字诀后，又加一个耐字诀。大概这两个字，是不能拆开的，因为无论何种书籍，总有相当的困难，定要胜过这种困难，才能前进；假如稍遇困难，即便丢去，则根本即谈不到看书，更遑论专业？所以他叫人要耐。我觉得遇难关固然要耐，遇兴趣缺乏之处，亦须要耐。因为一种书的内容，优劣不一定与兴趣成正比例，有时理论愈深，兴趣犹愈减少，必待用力钻研之后，兴趣才由胜过难关中盎然而出，这是耐的收获。

现在一般人遇稍难之书不愿看，份量稍大者亦不愿看，都是缺乏耐性的表现；而现在作品，总是份量不甚多，内容充满刺激性者，也就是为要迎合这种缺乏耐性的弱点。我以为每一种书，在未看之先，宜稍审慎，不合意者，尽可不看，既看则无论若何困难，若何无兴趣，均须看到底为止，一书不完，决不更换他书，纵或内容未必皆精，亦宜耐着性子看完，然后才知道书内的好处在那里，坏处在那里。能知得书中坏处所在，虽未得益，也就算是得益了。

有一个问题为一般人最易发生者，就是书已看了，记不得，奈何呢？与其记不得，还不等于不看吗？这句话说的有点似是而非。看书记不得的原因，大概是自己对于某项根基太浅，而骤看较深之书，当然不容易记得；然而虽不容易记得，看了一遍自己脑筋中却已留下一个无形的印象，到将来再看相类的书籍，就比看第一本时容易多了。所以不能说记不得，就等于不看。关于这个问题，曾氏有深切著明的解释。他说：

　　读书记性平常，此不足虑，所虑者，第一怕无恒，第二怕随笔点过一遍，并未看得明白，此却是大病。若实看明白了，久之必得些滋味，寸心若有怡悦之境，则自然记得矣。（咸丰九年六月十四日与纪泽书）

　　凡读书有难解者，不必遽求甚解，有一字不能记者，不必苦求强记，只需从容涵泳，今日看几篇，明日看几篇，久久自然有益；但于已阅过者，自作暗号，略批几字，否则历久忘其为已阅未阅矣。（咸丰五年五月二十六致诸弟函）

　　纪泽儿读书记性不好，悟性较佳，若令其句句读熟，或责其不可再生，则愈读愈蠢，将来仍不能读完经书。请子植弟将泽儿未读之经，每日点五六百字，教一遍，解一遍，令其读十遍，不必能背诵，不必常温习，待其草草点完之后，将来看经解，亦可求熟；若蛮读蛮记蛮温，断不能久熟，徒耗日功而已。（咸丰五年正月十八日致诸弟函）

　　读书不求强记，此亦养身之道也。凡求强记者，尚有好名之心，横亘于方寸，故愈不能记。若全无名心，记亦

可，不记亦可，此心宽然无累，反觉安舒，或反能记一二处，亦未可知。此余阅历语也。（咸丰五年七月初八日致诸弟函）

　　平常所谓读书记不得者，大概是因为走马看花，并未把内容看得明白；假如把内容理论看清楚了，条理看清楚了，不求过速，亦不停止，自然会得到书中趣味。他所谓寸心若有怡悦之境，真是阅历之言。这个境界是我们个个人经历过的不过未深注意罢了。我们回想看到一种透澈淋漓的议论，一字一句，皆能入人心坎，几乎句句为我心中所欲言，而又句句为我所说不出来者，当此之时，我们心中的滋味如何？就我的经验来说，就是一种说不出来的快活。假如看书能常得到这种境界，则万无不记得之理，更无须乎强记。这是教育心理学中所谓理解记忆法。还有许多机械语句，如何去记呢？曾氏的意思，是不必苦求强记，只需从容涵泳，时时翻阅，常在眼中经过，自然可以在不知不觉间记得。最坏的是蛮读蛮记，这样在儿童便要戕贼其天性，愈读而愈蠢；成人亦将残害其身体，终亦不能多记。他说凡求强记者，有好名之心，横亘于方寸，故愈不能记。这是因为太不自然的原故。

　　我觉得看书最重要者，应在看的时候，把内容弄明白了，不必存心去求记，遇到重要的地方，拿起笔来，加他几个圈点，或者加些符号在字句旁边，或把重要句子提在书眉上，或把自己意见批在书眉上，都可使脑筋中多留些书的印象。有人说一种书多看几遍，不就可以记得了吗？固然，一本书看了一遍，连着再看一遍，时间既较经济，效力且更加大，方法自亦不错；不过我觉与其把同一书本多看几遍，倒不如将同样性质而不同样的书本，多看几种，兴趣可以不枯，效力仍可加大。譬如看中国史，第一遍看的是甲编的，第二遍最好是找一本乙编的本子来看。如此既可比较，又等复习，兴趣比专抱一个本子浓厚多了。这是我个人平时阅历如此，不知别人亦如此否。

还有一事，为读书时应注意者，就是不要把书籍看得太宝贵了。书上不轻动一笔，写一字，外表看来似乎是爱惜书籍了，其实是最坏的事。我觉得看书应充分的动笔，涉猎之书不必如此。凡与本书有关系者，一律抄到书上，不足，再用札记本子，这是前辈先生所重视之事，而亦研究学问之不二法门。赵翼《廿二史札记》、王念孙《读书杂志》、俞曲园《群经评议》、《诸子评议》、孙诒让《札迻》……都不过这项工作的扩大而已。所以无论研究什么学问，读书笔记，总是少不了的。曾氏尝恨自己生平写字迟钝，抄录札记不多，引为大憾，故时时以此事教导子弟。

余于"四书五经"之外，最好《史记》《汉书》《庄子》《韩文》四种，好之十余年，惜不能熟读精考。又好《通鉴》《文选》及姚惜抱所选《古文辞类纂》，余所选《十八家诗钞》四种，共不过十余种。早岁笃志为学，恒思将此十余书，贯串精通，略作札记，仿顾亭林、王怀祖之法。今年齿衰老，时事日艰，所志不克成就，中夜思之，每用愧悔。泽儿若能成吾之志，将"四书五经"及余所好之八种，一一熟读而深思之，略作札记，以志所得，以著所疑，则余欢欣快慰，夜寝得甘，此外别无所求矣。（咸丰九年四月二十一日致纪泽函）

　　近世文人如袁简斋、赵瓯北、吴谷人，皆有手抄辞藻小本，此众人所共知者。昌黎之记事提要，纂言钩元，亦系分类手抄小册也。尔曾看《说文》《经义述闻》，二书中可抄者多，此外如江慎修之《类腋》及《子史精华》《渊鉴类函》，则可抄者尤多矣。尔试为之，此科名之要道，学问之捷径也。（咸丰九年五月初四日致纪泽函）

　　大抵有一种学问，即有一种分类之法，有一人嗜好，即有一人摘抄之法。从本原论之，当以《尔雅》为分类之最古者。……余亦思仿《尔雅》之例抄纂类书，以记日知月无忘之效，特患年齿已衰，军务少暇，终不能有所成，或者余少引其端，尔将来继成之可耳。（咸丰十一年九月初四致纪泽书）

中国学术素乏精密的科学系统，学者初入其门，如入百戏场中，千变万态，应接不遑；才智之士，把自己读书心得写出来，或把经史等书拆散了，再依其性质分为若干类，如《渊鉴类函》等，都不过是读书之时，为便于自己翻阅，但是及其成功，乃为极有价值的类书，与极有价值的读书札记，可为后学者学问捷径。然此又非必大学问家始能为此，凡读书人都能为之；惟不必急求发表罢了。赵翼、王念孙、俞曲园、孙诒让诸人，当他笔录的时候，何尝念及传诸后世？盖读书之士，既莫不有其心得，即莫不应有其读书笔记。

他说有一种学问，即有一种分类之法；有一人嗜好，即有一人摘抄之法。他这几句话很有科学方法的思想，可惜他自己军务少暇，未能做一个榜样给我们看，这是他自己抱憾的地方，亦是我们应以为可惜的事。不过他指我们这个分类笔录的道路，总是不错的。只是有一点应认清楚的，就是他那时所谓分类笔录，大都是为文章词藻，为夺取科名之要道。现在为学，科目繁多，当然无暇及此，然与自己性情相近的学科，仍应备有读书笔记，或卡片，或活页抄本，或固定抄本，要随时随地，逐处留心，凡与自己欢喜研究的那门学科有关系，足以补吾研究之资料者，无论古书今书，报章杂志，名人演讲，虽一鳞一爪，都应把他录在本子上面。研究学问应有一个"牛溲马勃，败鼓之皮，俱收并蓄，待用无遗"的精神。纵或有些材料不甚精萃，亦可供相当的参考。这种工作，说小一点，可以补充书本之不足，而便于阅览，说大一点，则大学问家，大著述家的搜集材料，都不出此途。所以我尝觉得读书最重要者，就是笔不能懒。

以上所述读书方法，可以说是四个步骤，可以说是四种研究学问的方法。为学之初，看读写作缺一不可，次则宜就自己所喜悦者，择一艺以求专精；然又不可局于一隅，以至于太陋，故须多方阅读，阅读有得，随手笔之，此所谓四个步骤。四者之中，以专精一业为中心，看读写作是专精一业以前的事，阅读为广求所专之业之补助材料，笔录亦是以所专精者为中心。这是就表面次序说如此，实际亦并不是有一定的封域，专精一业时，并不是抛弃了看读写作，分类笔录等，更不是抛弃了前面那三项工作。故自初学的次第言，似乎是四个步骤，自研究的中心言，则此四者，乃是四种方法，缺一不可。

读书是学问路道之一，做学问当然不是死读书；但是不读书亦不足以言学问。且如本书所述曾氏之学，其大者曰修养，曰治事，似乎皆非书本上事，然若完全抛弃了书本，则其修养者，必不至有如此健全，而所治之事，恐不能如此细大不捐，群下从风向善。他以一匹夫而转变一代风气，第一是他以身作则的精神过人，第二是他研究有素的学识过人，有此二者，故一言一动，皆足以服当世人心。我觉得他为官数十年，处处是以学术化人，人格感人，从未凭借他的势位，任意宰割人民，强人民以从己，这是最使我们怆然仰慕的事！

曾国藩年谱

○ 嘉庆十六年（1811年）

11月26日（农历10月11日），曾国藩生于湖南湘乡双峰县荷叶乡天平村，乳名宽一。

○ 嘉庆二十年（1815年）5岁

在家识字读书。一年后入家塾"利见斋"。

○ 嘉庆二十五年（1820年）10岁

是年，弟曾国潢生。

○ 道光二年（1822年）12岁

是年，弟曾国华生。

○ 道光四年（1824年）14岁

是年，弟曾国荃生。

○ 道光六年（1826年）16岁

是年，曾国藩应长沙府试（童子试），名列第七。

○ 道光八年（1828年）18岁

是年，弟曾国葆生。

○ 道光十年（1830年）20岁

是年，曾国藩就读于衡阳唐氏宗祠，师从汪觉庵。一年后转入湘乡涟滨书院。改号涤生。

○ 道光十三年（1833年）23岁

秋，曾国藩参加湘乡县试，考取秀才。

○ 道光十四年（1834年）24岁

春，曾国藩入长沙岳麓书院。

秋，参加乡试，中第三十六名举人。

冬，入京准备会试，途径长沙，始与刘蓉相交。

○ 道光十五年（1835年）25岁

4月 曾国藩会试落第，留京住长沙会馆读书。

○ 道光十六年（1836年）26岁

春，曾国藩恩科会试再次落第，离京返家。

至长沙，与刘蓉、郭嵩焘在湘乡会馆相聚两个月。

○ 道光十八年（1838年）28岁

是年，曾国藩参加会试，中第三十八名贡士。殿试取三甲第四十二名，赐同进士出身。朝考列一等三名，道光帝拔置第二名。授翰林院庶吉士。年底乞假回家。

○ 道光十九年（1839年）29岁

夏，出衡阳，谒杜工部祠、石鼓书院。

秋，出邵阳，察访武岗、新化、兰田、永丰。

12月，长子曾纪泽生。曾国藩离家起程赴京。

○ 道光二十年（1840年）30岁

5月，庶吉士散馆，曾国藩列二等第十九名，授翰林院检讨。

7月，得病，经欧阳兆熊、吴廷栋治疗、护理，两月始愈，三人遂成好友。

○ 道光二十一年（1841年）31岁

8月，偕倭仁往谒理学大师唐鉴，请教治学之方，检身之要。

11月，任国史馆协修，遍鉴前史，辨具得失。

是年，喜读胡林翼赠送的《陶文毅公文集》。写作《里胥》，直道民间疾苦，鞭笞腐败吏治。

○ 道光二十二年（1842年）32岁

8月29日 中英《南京条约》签订，中国沦为半殖民地半封建社会。

致力程朱之学，每日必做日课：早起、主敬、静坐、读书不二、读史、谨言、养气、保身，日知所亡、月无忘所能、作字、夜不出门。

○ 道光二十三年（1843年）33岁

4月，升任翰林院侍讲。

7月，钦命为乡试（四川）正考官。

8月，补授翰林院侍讲。

12月，充文渊阁校理。

○ 道光二十四年（1844年）34岁

8月，郭嵩焘引江忠源来见，结为师生。派充翰林院教习庶吉士。

○ 道光二十五年（1845年）35岁

10月，升翰林院侍讲学士。李鸿章入京会试，以年家子投其门下受业。

○ 道光二十六年（1846年）36岁

1月，充文渊阁直阁事。自书其书舍曰："求阙斋"。

夏秋间，养病城南报国寺，与同寓刘传莹就汉学、宋学深入研讨，

知学须返本务要，"执两用中"。

○ 道光二十七年（1847年）37岁

7月，曾国藩升任内阁学士，兼礼部侍郎衔。

11月，钦派武会试正总裁，殿试读卷大臣。

○ 道光二十八年（1848年）38岁

3月，次子曾纪鸿生。

10月，辑录古今名臣大儒言论，按修身、齐家、治国三门分三十二目辑成《曾氏家训》。

○ 道光二十九年（1849年）39岁

2月，曾国藩升授礼部右侍郎。

9月，兼署兵部右侍郎。

○ 道光三十年（1850年）40岁

2月25日 道光帝驾崩。

4月，曾国藩上《应诏陈言疏》，揭露官场萎靡风气。

是年，曾国藩兼署工部左侍郎、兵部左侍郎。

○ 咸丰元年（1851年）41岁

1月11日，洪秀全等在广西桂平金田村起义，建号太平天国，称天王。

5月，曾国藩上《敬陈圣德三端预防流弊疏》，咸丰帝读后，怒掷于地。

是年，曾国藩兼署刑部左侍郎。

○ **咸丰二年（1852年）42岁**

1月，曾国藩上《备陈民间疾苦疏》。

7月28日，清廷命曾国藩充江西乡试正考官。

9月8日，曾国藩行抵安徽太湖县境小池驿，闻母丧讯，改假渡江西上奔丧。

10月6日，曾国藩经武昌、岳州抵湘乡家中。

是年，曾国藩兼署吏部左侍郎。

○ **咸丰三年（1853年）43岁**

1月8日，咸丰帝令曾国藩帮办湖南团练乡民、搜查"土匪"诸事务。

1月29日，曾国藩自湘乡行抵长沙，与湖南巡抚张亮基筹划"堵剿"太平军事宜。

1月30日，曾国藩上奏称省城兵力单薄，不足御敌，拟于省城立一大团，就各县曾经训练之乡民，招募来省，实力操练。

9月15日，曾国藩具奏，言湖南衡、永、郴、桂各属数月以来巨案迭出，拟即日移驻衡州，就近调遣。

9月16日，曾国藩由长沙起行，绕道湘乡，抵家省亲。

9月29日，曾国藩抵达衡州。

11月，曾国藩于衡州仿造之冲簰，试之水面，钝滞难用，乃买民船，改造炮船。

○ 咸丰四年（1854年）44岁

1月8日，罗泽南率二营湘勇抵衡州，曾国藩与之商榷兵事，更定陆军营制，以五百人为一营，营四哨，每哨八队，亲兵哨六队，火器刀矛各居其半。自此湘勇转战各省，悉以所定规制行之。

2月25日，曾国藩发布《讨粤匪檄》，督湘军水师、陆师计一万七千余人，自衡州起程，会师于湘潭。水路以褚汝航为各营总统，陆师以塔齐布为诸将先锋。

5月，兵败靖港，投水自裁获救。

7月25日，重整水陆各军后，出师攻陷岳州。

10月14日，取武昌。咸丰帝令其部署理湖北巡抚。7天后收回成命。改赏兵部侍郎衔。

12月2日，攻陷田家镇。

○ 咸丰五年（1855年）45岁

1月29日，湘军水师营官萧捷三等率战船一百二十余艘猛攻梅家洲，深入鄱阳湖。太平军断其归路。自此，湘军水师被肢解，遂有外江、内湖之分。

2月11日，太平军以小艇夜袭湘军外江水师，焚其战船十余艘，俘曾国藩座船拖罟。曾国藩投江遇救，走罗泽南陆营。

4月3日，太平军攻克武昌，湖北巡抚陶恩培自杀。

8月30日，湘军名将塔齐布病逝。

9月4日，湘军内湖水师进犯湖口，统领萧捷三中炮阵亡。

9月6日，曾国藩自九江回驻南康水营，札调彭玉麟来江西督领内湖水师。

○ 咸丰六年（1856年）46岁

3月24日，太平军大败湘军周凤山部于江西樟树镇。

4月4日，太平军攻占江西建昌府城。时太平军占江西半数以上州县，曾国藩困守南昌。

4月12日，罗泽南伤重逝于武昌军中，李续宾总领其军。

9月2日凌晨，太平天国北王韦昌辉杀东王杨秀清及其部署、家眷等，天京变乱起。

10月23日，英军攻陷广州外城，第二次鸦片战争爆发。

12月19日，湘军攻陷武昌，太平军东退。

○ 咸丰七年（1857年）47岁

2月27日，其父去世，偕弟国华回籍奔丧。

7月，两次上疏，请求在家终制，获咸丰帝准许。是年建"思云馆"。

○ 咸丰八年（1858年）48岁

5月19日，湘军攻陷九江府城。

7月1日，清廷命曾国藩驰赴浙江办理军务。

7月3日，清廷批准《中英天津条约》《中法天津条约》。列强势力开始深入长江。

7月22日，曾国藩自湘乡抵长沙，与湖南巡抚骆秉章及左宗棠筹商军务。

8月3日，曾国藩抵武昌，与湖广总督官文、湖北巡抚胡林翼筹商军务。

8月18日，清廷命曾国藩以援浙之师由江西铅山赴闽"援剿"。

9月21日，曾国荃率部攻陷江西吉安府城。至此，太平军所占江西各郡县全失。

11月25日，李秀成军抵安徽三河镇，合陈玉成军大败湘军，李续宾自尽，曾国华等六千余人皆战亡。

12月，作《爱民歌》以训湘军。

○ **咸丰九年（1859年）49岁**

1月13日，李鸿章至江西建昌，入曾国藩幕。

2月，曾国藩作《圣哲画像记》。

6月21日，清廷诏命曾国藩统兵赴四川夔州扼守，防止石达开由湘入川。

9月9日，以宝庆解围，清廷命曾国藩暂驻湖口，俟湖南定后合军援皖。

9月19日，曾国藩抵武昌，晤湖广总督官文，决定援皖。

11月11日，官文、曾国藩、胡林翼等会奏四路攻皖之策，分由曾国藩、多隆阿、胡林翼、李续宜统之。

12月6日，曾国藩军进驻安徽宿松县。

○ 咸丰十年（1860年）50岁

2月17日，多隆阿、鲍超率部大败太平军陈玉成部于安徽潜山小池驿，占太湖。19日占潜山。

5月6日，李秀成、陈玉成率部击溃江南大营，和春、张国梁败退镇江。

5月，曾国藩辑录《经史百家杂钞》二十六卷，"取精用宏"，"尽抡四部精要"。

6月8日，清廷赏曾国藩兵部尚书衔署两江总督，命统率所部兵勇，径赴苏州，以保东南大局。

6月9日，从曾国藩奏请，清廷命左宗棠以四品京堂候补襄办曾国藩军务。

7月3日，曾国藩自率马步万余人自宿松渡江。28日，进驻祁门。

8月10日，清廷实授曾国藩两江总督，并命为钦差大臣督办江南军务，大江南北诸军均归节制。

9月21日，英法联军在八里桥与清军激战，僧格林沁败退，胜保受枪伤。

10月9日，太平天国侍王李世贤率部击败湘军李元度部，攻克安徽徽州府。

10月13日，英法联军进入北京城。

10月28日，清廷批准中英、中法《北京条约》。

12月1日，李秀成统军由皖南羊栈岭攻入黟县，祁门曾国藩营大震。

3日，李秀成由羊栈岭退出。

12月23日，黄文金分兵攻占江西浮梁，曾国藩三面受敌，仅留下景德镇一线。

○ 咸丰十一年（1861年）51岁

2月18日，鲍超、左宗棠率部败太平军于景德镇，黄文金负重伤。

4月9日，太平天国侍王李世贤率部攻占景德镇。次日左宗棠败遁乐平，祁门曾国藩粮路断绝。

4月14日，曾国藩率部攻打徽州，失败。

4月16日，太平军李世贤部退出景德镇。

4月19日，曾国藩率部再次攻打徽州。21日，被太平军击败。

5月10日，曾国藩自祁门移扎东流，就近调度安庆围军。

6月1日，太平军悍将刘玱林弃垒东走，被湘军俘杀。

6月20日，太平军全部退出徽州，前往浙江。

8月22日，咸丰帝驾崩。

9月5日，曾国荃率部攻陷安庆。

9月29日，以安庆克复，清廷加官文、胡林翼太子太保，曾国藩太子少保，曾国荃布政使衔以按察使记名。

11月20日，诏命曾国藩统辖江苏、安徽、江西、浙江四省军务，所有四省巡抚、提督以下各官悉归节制。

12月3日，安庆内军械所成立，曾国藩至子弹局、火药局察看。

同治元年（1862年）52岁

1月31日，曾国藩奉旨任两江总督协办大学士，曾国荃补授浙江按察使。

2月14日，左宗棠率军由江西入浙江。

4月，李鸿章率军抵上海。

5月，曾国荃率军进驻雨花台，会同彭玉麟的水师围攻天京。

7月18日，为借兵助剿事再疏力陈利害："岛人借助剿为图利之计……而中华之难，中华当之"，决不能让洋人以助剿来"蹂躏中国之土地"。

9月，为死于战乱而未及安葬的桐城儒生方东树、戴钧衡6人立石修墓，妥为安葬。

12月，其弟曾国葆病死于雨花台湘军大营。

是年底，华蘅芳与徐寿父子试制成中国第一台蒸汽机，曾国藩见后，于当天日记中写道："窃喜洋人之智巧我国亦能为之，彼不能傲我以其所不知矣！"

○ 同治二年（1863年）53岁

1月28日，安庆内军械所造出我国第一艘木壳小火轮，曾国藩登船试航。

6月25日，鲍超、彭玉麟、杨岳斌水陆各军攻占浦口、江浦。

6月30日，湘军水陆各军攻陷九洑洲。

9月，容闳抵安庆，与曾国藩商办机器局。

11月17日，彭玉麟、鲍超水陆各军攻占高淳县东坝镇。至此，太平天国首都天京的所有物资补给通道全部被切断。

12月3日，曾国藩委派容闳出洋购买机器。

12月4日，李鸿章督率淮军攻克苏州。

○ 同治三年（1864年）54岁

4月1日，左宗棠督率楚军攻陷杭州。

6月1日，太平天国天王洪秀全在天京病逝。

7月19日，湘军攻克江宁。太平天国运动失败。

7月28日，曾国藩自安庆抵江宁。

8月1日，克复江宁省城。清廷赏加两江总督曾国藩太子太保衔，赐封一等侯爵；浙江巡抚曾国荃太子少保衔，一等伯爵；湖广总督官文赐封一等伯爵；江苏巡抚李鸿章赐封一等伯爵；陕甘总督杨岳斌、兵部侍郎彭玉麟赏给一等轻车都尉世职，并赏加太子少保衔；四川总督骆秉章、浙江提督鲍超赏给一等轻车都尉世职。

8月15日，曾国藩奏准裁撤湘军。

10月30日，曾国荃因伤病未愈，请疾返湖南乡里。

12月，曾国藩主持修复江南贡院，补行江南乡试，会考江南优贡。

○ 同治四年（1865年）55岁

1月，选汉唐以来各臣奏疏17首，编《鸣原堂论文》。

3月，主持修葺种山、尊经两书院。收养八百孤寒子弟，并从自已养廉银中捐款课奖。

5月26日，接上谕：率军赴山东剿捻。

6月，主持整理《王船山遗书》完稿，共320卷，交金陵书局出版。

6月18日，北上剿捻之策：重镇设防，划河圈围，清野查圩，马队追踪。

9月，经杨州、清江浦抵徐州。一路调兵布防堵围，沿途又张榜招员。

10月，将金陵制造局上迁海虹口，和李鸿章原设的炮局及购自美国人的铁厂合并，再加容闳购回的百多部机器建成江南制造总局。

12月，核定长江水师永远章程及营制营规。

○ 同治五年（1866年）56岁

2月18日，官文、曾国藩、李鸿章、彭玉麟奏长江水师事宜三十条，营制二十四条。提督拟由芜湖改驻太平府，于岳州设行署，另设岳州、汉阳、湖口、瓜洲四镇总兵。

11月19日，曾国藩以病难速痊及"剿捻"无效，奏请开协办大学士、两江总督缺，并请另简钦差大臣接办军务，注销一等侯爵袭职。

11月26日，上谕：李鸿章暂署钦差大臣，湘、淮各军均归节制。曾国藩赏假一月，在营调理，自请暂行注销封爵，著毋庸议。

12月7日，清廷命曾国藩回两江总督任，授江苏巡抚李鸿章钦差大臣，专办剿捻军事。

○ 同治六年（1867年）57岁

1月14日，清廷不准曾国藩请开两江总督协办大学士缺；谕旨称：当体仰朝廷之意，为国分忧，岂可稍涉疑虑、固执己见，著克期回任。

4月10日，曾国藩自徐州回抵江宁。

5月，曾国藩会同李鸿章将江南制造总局由虹口迁往高昌庙，征地扩建，规制大增。

6月10日，清廷诏命曾国藩为大学士，仍留两江总督任。

6月，清廷命曾国藩补授体仁阁大学士。

12月18日，曾国藩奏，请觐、遣使、开矿可行，内地设栈、内河驶轮、铁路、电线不可行。

○ 同治七年（1868年）58岁

3月28日，曾国藩会同彭玉麟、李鸿章等奏，拟补长江水师各缺，并续议长江水师未尽事宜十条。

4月，清廷改授曾国藩为武英殿大学士。

5月31日，曾国藩至上海查阅洋炮轮船工程。

9月6日，清廷调曾国藩为直隶总督，任马新贻为两江总督。

9月，江南造船厂试制的第一艘轮船驶至江宁，曾国藩登船试航，取名"恬吉"。

11月1日，曾国藩核定外洋水师章程。曾国藩奏陈筹办上海机器局及添设翻译馆情形。

12月，抵京师，陛见那拉氏与同治皇帝。

○ 同治八年（1869年）59岁

2月27日，曾国藩奏陈直隶应办事宜，以练兵、饬吏、治河为至要。

3月14日，曾国藩在保定接直隶总督任。

6月，曾国藩奏请按照湘军制度改造直隶练军。

10月28日，清廷允曾国藩拨款疏浚永定河并加拨长芦运库银二万余两备修防。

○ 同治十年（1870年）60岁

4月，曾国藩肝病日重，右眼完全失明。奏准病假一月。

5月续假一月。

6月21日 法国驻天津领事丰大业往崇厚衙门，开枪击毙天津知县随从。民众殴毙丰大业及秘书西蒙，焚法国教堂、育婴堂、英美讲书堂，殴毙法国、俄国、英国等国教士、商人多名。

6月23日，清廷诏命曾国藩赴天津与崇厚持平办理天津教案。

6月27日，曾国藩奏，天津教案当委曲求全，立意不与开衅。

7月4日，曾国藩由保定赴天津办理教案。

7月12日，清廷命曾国藩布置海口。命彭玉麟整顿长江水师备战。

7月14日，曾国藩咨复总署，力辩洋人挖眼剖心之诬。

7月26日 曾国藩奏，津案以善全和局，以后仍当坚持一心，曲全邻好。兵端决不可自我而开，以为保民之道；时时设备，以为立国之本。以曾国藩患病，清廷命江苏巡抚丁日昌星速赴津协办教案。命李鸿章带同郭松林军迅速北上。

8月29日，清廷调曾国藩为两江总督，李鸿章为直隶总督，以李瀚章为湖广总督。

9月18日，曾国藩等定津案人犯十五人正法，二十一人军流。

10月9日，曾国藩等定津案第二批人犯五人正法，四人发配。

10月10日，曾国藩据江苏巡抚丁日昌等议，奏请选派子弟赴泰西军政、船政学院学习。

11月3日，曾国藩六十大寿，御赐"勋高柱石"匾额。

11月12日 曾国藩抵江宁，接任两江总督。

12月28日，清廷以曾国藩为办理南洋通商事务大臣。

○ 同治十年 (1871年)61岁

3月9日，曾国藩奏，与日本立约，不可有利益均沾之词。

6月26日，曾国藩、李鸿章联名致书总署，论派幼童出洋学习之重要。

9月3日，曾国藩上幼童赴洋学习章程折到京，15日奉旨依议。

11月23日，曾国藩在吴淞口阅轮船新阵。

○ 同治十一年（1872年）62岁

2月27日，曾国藩领衔上奏，促请"派遣留学生一事"尽快落实，并提出在美国设立"中国留学生事务所"，在上海设立幼童出洋肄业局。

3月1日，时发脚麻之症，舌蹇不能语。

3月5日，李鸿章函请曾国藩筹议轮船招商事宜。

3月12日 午后，曾国藩至官署西花圃散步，突发脚麻之症，由曾纪泽扶掖回到书房，端坐三刻逝世，享年六十二岁。

3月，清廷闻曾国藩哀讯，辍朝三日。追赠太傅，谥文正。

6月25日，灵柩运抵长沙。

7月19日，葬于长沙南门外之金盆岭。

次年12月13日，改葬于善化县（今望城县）湘西平塘伏龙山。与夫人欧阳氏合葬。

作者简介

胡哲敷（1898~?）

安徽合肥人。历史学家、教育家。

曾与吴梅、吕叔湘、钱穆等著名学者同在苏州中学执教。后任浙江大学中文系教授、国立浙江大学附属中学校长等职。主要著作有《史学概论》《老庄哲学》《历史教学法》《陆王哲学辨微》等。

想象之外 品质文字

勤笃精进曾国藩

产品策划｜领读文化　　　　　责任编辑｜张彦翔

执行编辑｜王晗懿　　　　　　排版设计｜张珍珍

封面设计｜unlook-lab.com　　营销编辑｜孙　秒　屈美佳

发行统筹｜李　悦

更多品质好书关注：

官方微博 @领读文化　官方微信｜领读文化